Ne, ne, ne, was hab ich bloß?

Edla Pinnow, 2012

AF192321

Glück ist zu realisieren,
was man sich vorgenommen hat.
Peter Ludwig

Man muss es so einrichten,
dass einem das Ziel entgegenkommt.
Theodor Fontane

Der Körper ist der Übersetzer
der Seele ins Sichtbare.
Christian Morgenstern

Ne, ne, ne, was hab ich bloß?

Edla Pinnow

© 2012

Texte und Bilder: Edla Pinnow, Hessigheim

Einband: Christian Panberg, Stuttgart

Herstellung und Verlag:

Books on Demand GmbH, Norderstedt

ISBN 978-3-8423-7611-3

Vorwort

Wie kam es zu diesem Buch?

Begonnen hat es mit einer Patientengeschichte, die als Hausaufgabe, während meiner Ausbildung zur Heilpraktikerin, aufgegeben wurde. Ich musste nicht lange überlegen. Fridas Sorgen um ihren Fritz. Sein Gejammer auf Grund seiner Rückenschmerzen. Wie im richtigen Leben, was sprach dagegen, es mit Humor zu beschreiben? Die Vorstellung der Dialoge und Bilder von Fritz und Frieda fand ich lustig. Das Schreiben von Geschichten erwies sich für mich als entspannende, kreative und abwechslungsreiche Möglichkeit des Lernens.

Die Ausbildung zur Heilpraktikerin habe ich beim Topas Seminar absolviert. Dort wird kreativ und anschaulich gelehrt. Interessierte Zuhörer und die Freude am Schreiben veranlassten mich weitere Geschichten zu erfinden. Themen und Ideen gab es und gibt es genug. Der Phantasie sind keine Grenzen gesetzt. Sie brachte den Kommissar Heilhaha und seinen Assistenten hervor, das Demenz-Kaufhaus usw.

Humor und Phantasie sind eine hervorragende Mischung entspannt zu lernen. Bereits Albert Einstein vertrat die Weisheit: „Phantasie ist viel wichtiger als Wissen, denn Wissen ist begrenzt."

Ne, ne, ne, was hab ich bloß?

Mal anders drauf schauen, dabei entspannen, schmunzeln und dennoch etwas lernen. Vielleicht sogar als gute Nacht Geschichte. Dieses Buch habe ich geschrieben für Heilpraktiker-Anwärter(innen), für Heilpraktiker(innen), für Menschen in Pflegeberufen, für alle die sich für ihren Körper und ihre Gesundheit interessieren. Für Menschen mit Humor.

Viel Spaß beim Lesen wünscht Ihnen Edla Pinnow.

P.S. Besuchen Sie mich doch mal im Internet unter <u>www.systeme-ordnen.net</u>.

Vorwort

Inhalt

Ne, ne, ne, was hab ich bloß?

Ne, ne, ne, was hab ich bloß?

Bevor ich meine Geschichte erzähle, möchte ich mich kurz vorstellen. Mein Name ist Fritz, ich bin 68 Jahre alt und mit meiner Frieda verheiratet. Seit ein paar wenigen Jahren genieße ich das Rentnerdasein. Was heißt genießen, die letzten Monate waren doch etwas anstrengend, und da ist es schon gut, so eine liebe Person wie die Frieda an der Seite zu haben. Unter uns – manchmal ist sie auch ein bisschen zu fürsorglich.

Anfangs hatte ich mir nichts dabei gedacht. Es begann vor ein paar Monaten. Immer diese Schmerzen im Kreuz. Na ja, schließlich bin ich nicht mehr der Jüngste und dachte mir nichts dabei.

Ich behielt diese Beschwerden für mich, sagte kein Wort zur Frieda. Doch eines Tages musste ich mir Luft machen, hielt es nicht mehr aus und jammerte meiner Frieda vor: „Immer diese Rückenschmerzen im Kreuz. Als wenn die Nierensteine nicht schon reichen würden mit den Beschwerden beim Wasser lassen. Ist doch nichts, wenn man alt wird." und immer so weiter.

Dabei habe ich stets versucht mich fit zu halten. Ich bin alleine weite Strecken gejoggt. Und im Urlaub und an den Wochenenden sind meine Frieda und ich viel gewandert. Ich hab' nie Beschwerden gehabt.

Na ja, in den letzten Jahren ist das mit dem Wandern auch weniger geworden. Meine Frieda hat ja auch ihre Wehwehchen. So wollte sie mir gleich ihr Leiden aufschwatzen.

Von wegen, ich und Osteoporose. Das haben doch hauptsächlich Frauen. O.k. – Ausnahmen bestätigen die Regel. Aber ich habe weder ein Tannenbaumphänomen noch bin ich kleiner geworden und meine Haltung ist hervorragend, nix mit Witwenbuckel.

Die Frieda lag mir lange in den Ohren; ihr zuliebe bin ich dann zum Arzt und hab' mal meine Knochendichte messen lassen. Alles o.k. also keine Osteoporose. Hab' ich doch gewusst.

Und – seit meine Frieda Osteoporose hat, werde auch ich 1a ernährt – unter uns, manchmal gönne ich mir heimlich was ganz Ungesundes. Was sie nicht weiß, macht sie nicht heiß.

Dennoch haben mich meine Rückenschmerzen geplagt und beunruhigt. Zum Arzt habe ich nichts gesagt, vor lauter Angst, es könnte was Schlimmes sein.

Zwischendurch kam ja auch noch der Knochenbruch dazu. Ich weiß gar nicht, wie das passiert ist, aber plötzlich hatte ich den Arm im Gips.

Ich kam immer mehr ins Grübeln. Ich dachte an meinen Freund, Gott hab' ihn selig. Auch er hatte plötzlich 'nen spontanen Knochenbruch und es dauerte nicht lange, da lag er unter der Erde. Tja, Knochentumor, Metanase oder Metastasen oder so.

Dann fiel mir mein 16-jähriger Enkel ein, der ebenfalls unter Rückenschmerzen leidet. Hat wohl was mit dem Wachstum zu tun. Bei dem scheuert irgendwas, Wachstumsstörung der Wirbel mit Keilbildung – wenn er Pech hat, dann kommt der noch in ein Korsett, der Arme. Doch aus dem Alter bin ich raus, ich wachse nicht mehr.

Ich dachte an Friedas Mutter. Sie hatte keine O-Beine, so wie ich, sondern X-Beine, aber auch chronische Rücken-schmerzen und mal einen gebrochenen Knochen. Einfach so. Sie lebte sehr zurückgezogen und ging kaum vor die Tür, sah kaum die Sonne. Vielleicht habe ich ja Osteomalasie. Wäre leicht zu beheben – bisschen mehr Urlaub im sonnigen Süden, die Vitamin-D-Produktion ankurbeln.

Grübel. Grübel. Ne, ne, ne, was mach ich nur, was hab' ich bloß?

Wenn ich doch nur nicht solche Angst hätte. Vor vielen Jahren die Rückenschmerzen, die Angst vorm Arzt – was hatte ich für ein Glück. Man hört ja so viel von Bandscheibenoperationen; nachher geht noch was schief und es geht gar nichts mehr.

Damals hatte ich auch diese Schmerzen – ne, die waren anders, viel heftiger, zack! – und nichts ging mehr. Ich konnte mich kaum bewegen. Alles war verspannt. Und

13

schief war ich. Ich weiß noch, ich hab so'n Mehlsack getragen und – autsch, ich kam nicht wieder hoch. Da blieb nur der Arzt und letztendlich war's eine Lumbago, die Hexe hatte geschossen. Glück gehabt, kein Prolaps.

Vielleicht habe ich ja auch nur Rheuma oder Verschleiß. In meinem Alter, ich hab' viel körperlich gearbeitet. Da verformt sich ja auch schon mal ein Gelenk oder Knochen.

Wie gut, dass ich meine fürsorgliche Frieda habe, wenn sie manchmal auch übertreibt. Sie war es letztendlich, die ganz diplomatisch gesagt hat: „So, mein lieber Fritz, jetzt ist Schluss. Deine Leidensmiene ist nicht mehr zu ertragen. Morgen gehen wir zum Heilpraktiker, und damit es einen Anreiz für Dich hat, schenke ich Dir einen neuen Hut! Der ist sowieso lange fällig."

Gesagt, getan, meine Frieda fackelt da nicht lange. Der Termin beim Heilpraktiker stand und los ging's. Aber wozu einen neuen Hut? Frieda bestand darauf, einen neuen Hut zu kaufen. Schließlich gab ich nach, der Alte ist bereits 25 Jahre alt und inzwischen etwas eng. Etwas eng sind zwei Größen größer!

Mein Heilpraktiker schickte mich nach einer ausführlichen Untersuchung mit Bücken, Hüpfen, an der Wand stehen, auf einem Bein balancieren usw. – war fast wie 'ne Sportstunde – mit einer Verdachtsdiagnose zum Arzt. Es folgte eine Blutuntersuchung: AP (Alkalische Phosphatase) war erhöht (ein Enzym beim Knochenzerfall). Ich wurde geröntgt.

Meine Nierenwerte und nicht zuletzt die Nierensteine waren Begleiterscheinungen.

Heute bin ich froh, dass meine Frieda so resolut war. Die Schmerzen sind, wenn ich die Stütze trage, viel erträglicher geworden und die Medikamente helfen mir auch. Wenn alles so bleibt, dann brauche ich in diesem Leben auch keinen neuen Hut mehr.

Tja, so war das. Ich schlaf nun auch wieder besser und die Frieda ist beruhigt. Ich weiß, was ich habe und kann damit umgehen. Zugegeben, ohne Frieda und meinen Heilpraktiker wäre es schwerer, aber man wird ja nicht jünger.

Diagnose? Ach ja, ich leide an Morbus Paget, eine Knochenumbaustörung.

Wie ich dazu komme, warum und wieso? Das weiß mal wieder niemand.

Ne, ne, ne, was hab ich bloß?

Es war einmal ein Juckreiz…..

Es war einmal ein kleiner Juckreiz namens Pruritus. Er saß in der Nase und brachte diese ab und zu zum Nießen, Schnäuzen, manchmal auch nur zum Rümpfen.

Eigentlich konnte er zufrieden sein. Während er verträumt auf die sich wie Wellen bewegenden Flimmerhärchen starrte, fragte er sich, was der Grund für die in ihm aufsteigende Unzufriedenheit sein könnte. Es herrschte ein angenehmes, feuchtes und warmes Klima in der Nase. Dafür sorgten schleimige Becherzellen und das venöse Heizgeflecht.

Ab und zu tropfte etwas Schleim von der Nasenwand, dieser reizte ihn dann zum Jucken. Oder, wenn die Flimmer-härchen mit Staubpartikel überhäuft waren, dann konnte er so richtig er sein und aus voller Leidenschaft jucken und alles Fremde wurde mit hoher Geschwindigkeit herausgeschleudert. Hatte der Nasenbesitzer kein Taschentuch zur Hand, flogen Schleim und Fremdkörper unkontrolliert irgendwo hin, oder in dessen Hand.

An Bewegung mangelte es ihm ebenfalls nicht. War der Pruritus müde, so kuschelte er sich in die verdreckten Nasenhaare und plauderte mit dem einen oder anderen Staubkorn. Er fand Abwechslung in der oberen, unteren oder mittleren Nasenmuschel. Anatomische Nachbarstrukturen, wie z.B. die Nebenhöhlen, boten genügend Abwechslung.

Die Nasenscheidewand stellte keinerlei Hindernis für ihn dar. Er konnte die Seite wechseln so oft es ihm beliebte.

Als Pruritus so da lag, erinnerte er sich an einen kleinen spannenden Ausflug zum Auge. Es war im Frühjahr. Der Juckreiz kannte viele Pollen, deren Zuhause Gräser, Bäume und Pflanzen waren. Im Frühjahr oder Sommer nutzten sie die Pollenflugairline, um bei ihm in der Nase zu landen. Heuschnupfen nannten sie ihr Urlaubsziel. Manchmal waren sie so ausgelassen, dass Augen und Lunge ‚all inclusive' waren.

Pruritus hatte stets viel Freude und Abwechslung, wenn die Urlauber ausgelassen feierten. Gerne hörte er ihre spannenden Geschichten über Allergien auf Körperteilen, die ihm bisher völlig fremd waren. Angeblich ein Paradies von Möglichkeiten, seine Jucktalente abwechslungsreich auszuleben.

Gedankenverloren, gelangweilt, traurig und grübelnd saß er im Schnotter, winkte einer Graspolle zu, die gerade von Flimmerhaaren getragen vorbeiglitt und fragte sich immer wieder, warum er sich so unglücklich fühlte. Auch wollte er nicht mehr alleine sein. Es musste mehr geben für einen Juckreiz, als ausschließlich in der Nase zu wirken. Ein Körper bestand nicht nur aus einer Nase, dessen war er sich sicher.

Kurzentschlossen schnürte er sein Bündel, um sich auf den Weg zu machen. Sein Ziel war es herauszufinden, welche

Möglichkeiten für ihn in Frage kamen, den Menschen zum Kratzen zu animieren. Pruritus wollte der Langeweile ein Ende setzten und an Bedeutung gewinnen.

Im Geheimen hoffte er auf eine Partnerin fürs Leben. Es musste ja nicht gleich die erste, auch die beste sein. So handelte es sich bei dem heilenden, verkrusteten Herpesbläschen, welches ihm den Weg ans Tageslicht ebnete, um einen ‚One-night-stand'.

Die Tatsache, dass auf der Oberlippe Haare wuchsen entspannte ihn ein wenig. Sie vermittelten ihm Vertrautheit in der befremdenden Umgebung, waren sie auch viel dicker und dichter angesiedelt. Erinnerte hier doch nichts an das Höhlendasein in der Nase und deren Schutz. Das raue Klima zwang ihn zum mehrmaligen tiefen Durchatmen. Er brauchte etwas Zeit, um sich an die neue Umgebung zu gewöhnen, bevor er in der Lage war, seinen Weg fortzusetzen.

Pruritus reizte ein wenig hier, ein wenig dort. Die Hautoberfläche zeigte sich einladend trocken und rau. Ab und zu alberte er mit einer Hautschuppe herum, bis sie fortgekratzt wurde und er über die Nächste stolperte.

Aber was war das? Ein großes bedrohlich laut summendes Wesen steuerte im Sturzflug auf den Arm zu, auf dem er sich gerade befand. Die zur Extremität gehörende Person begann wild und unkontrolliert herumzufuchteln, um das Monster abzuwehren, vergeblich. Es bohrte einen dicken

Stachel in die Haut und gab eine für den Juckreiz durchaus interessante Flüssigkeit ab.

Der Armbesitzer schrie: „Aua!" und versuchte den Stachel vorsichtig zu ziehen. Das Monster lag, ohne seinen Anhang, keuchend am Boden. Neugierig näherte Pruritus sich der Einstichstelle. Ungehemmt und mutig vereinte er sich mit dem leckeren Gift und dem dadurch freigewordenen Histamin. Es war Abenteuer und Wellness pur.

Ins Histamin hätte er sich verlieben können. Es wusste von vielen anderen Auslösern zu berichten, die Pruritus unbedingt kennenlernen wollte. Es klang so aufregend, weil die Ursachen zum Teil aus dem tiefsten Körper kamen und die Menschen oft lange brauchten diese herauszufinden, wenn sie es überhaupt schafften.

Der Gedanke sich von der Hautoberfläche nach und nach in die Tiefe des Körpers durchzukämpfen verursachte ein angenehmes Kribbeln. Vorerst noch voller Zufriedenheit breitete er sich ein paar Tage auf dem Arm aus. Der Mensch kratzte, salbte, kratzte und fluchte. Er hinterließ immer mehr Spuren auf der Haut. Zum Teil waren diese sogar blutig.

Ein neugieriger Schmerz machte sich langsam aber sicher breit. Pruritus vermischte sich vorübergehend mit ihm und zog nach kurzem Vergnügen weiter. Es gefiel ihm. Nach einem Sonnenbrand war er es, der den Schmerz verscheuchte. Wen würde er wohl als nächstes kennenlernen?

Viele abwechslungsreiche Bekanntschaften, die Menschen sich so einfingen, drängten sein großes Ziel vorerst in den Hintergrund. Sie ließen seine Existenz allerdings nicht verleugnen. Guter Dinge forderte er immer wieder, mal mehr, mal weniger zum Kratzen heraus. Nach Lust und Laune tobte er sich auch in Begleitung anderer Symptome aus.

Jucken als Nebenwirkung eines Medikamentes, warum nicht? Er ließ nichts aus. Witzige Begegnungen mit Läusen unterschiedlicher Rassen, oder Flöhe. Candidosen nicht nur in Hosen, Schätze wie Krätze durch die wilde Milbe. Er war Verkoster von Varizella Zoster. Aufgekratzte Windpocken dienten als Spaßbad, sie verkrusteten, verheilten und es kamen immer wieder neue Bläschen hinzu.

War er müde, entspannte er im Sternenhimmel. Parasiten konnten sein Dasein nicht verbieten. Selbst die eklige honiggelbe Impetigo contactiosa schreckte ihn nicht ab. Im Gegenteil, Pruritus suhlte sich regelrecht in ihr.

So verging die Zeit wie im Fluge. Bald hatte er die Ursachen der Hautoberfläche ausgereizt. Übertriebene Hygiene gehörte genauso dazu, wie das wundreiben in Hautfalten. Er machte Bekanntschaft mit vielen allergieauslösenden Substanzen. Trockene Haut auf Grund einer Hypothyreose oder die alter Menschen war abwechslungsreich, weil sie zusätzlich zu Exanthemen neigte. Neurodermitis als Erlebnispark auf zarter Babyhaut, aber auch bei Erwachsenen.

Die Menschen versuchten stets ihn zu besiegen. Manchmal glaubten sie, es geschafft zu haben, aber dann kam er doch wieder. Ab und zu, anfangs kaum merklich, um sich dann langsam zu steigern. Wenn er Lust hatte, überfiel er sein Opfer plötzlich und unerwartet, tags so wie auch nachts.

Die Psychosomatik bot ein großes Angebot und viel Abwechslung in Bezug auf seinen Einsatzort. Von der Kopfhaut, Arme, Beine, Rücken, bis hin zum Anus war alles geboten. Ähnliches galt für die Begleiterscheinungen. Pickel, Pustel, Quaddel, leichte bis starke Rötungen konnten anwesend sein. Es belustigte ihn zu beobachten, was die Menschen alles unternahmen, um heraus zu finden, woher er kam und wie sie ihn wieder los wurden.

So verging Tag für Tag und Langeweile schlich sich in sein Dasein. Pruritus erinnerte sich an sein Ziel. Der Wunsch Verbündete im Inneren des Körpers ausfindig zu machen, um dann mit diesen Ursachen neue Herausforderungen zu jucken, verstärkte sich zusehends. So sehr er auch darüber nachgrübelte, er hatte keine Idee seinem Ziel näher zu kommen. Diese Situation war sehr unbefriedigend, er spürte Wut aufkommen.

So geschah es, dass er eines Tages juckte. Erst gelangweilt, später immer heftiger und voller Eifer durch einen Mangel an Vitaminen und Mineralien getrieben, alles um sich herum vergessend. Immer stärker werdend, für den Menschen bis hin ins Unerträgliche. Ja, es schien als würden sie sich gegenseitig anfeuern. Das Kratzen spornte ihn regelrecht an. Er wurde immer ausgelassener.

Und dann geschah etwas, was ihm die Erfüllung seines Wunsches näher bringen sollte. Aus der Haut quoll ein Blutstropfen, ähnlich wie damals bei der Psoriasis. Also nicht der erste Tropfen, dem er bisher begegnete. Dennoch fiel es ihm erst jetzt wie Schuppen von den Augen und ihm wurde klar, dass das Blut aus dem Körperinneren kam.

Er nahm sich etwas zurück und ohne zu überlegen erkundigte er sich beim Blut, ob es für einen Juckreiz etwas Interessantes im Körper zu entdecken gäbe. Völlig verdutzt und ungläubig musterte der rote Tropfen, der langsam in die Breite ging, sein Gegenüber. Er fühlte sich veräppelt bis er begriff, dass es dem Juckreiz ernst war. Er hatte bisher in der Nase und direkt auf der Haut gewirkt und kannte keine der vielseitigen Ursachen aus dem tiefsten Inneren des Menschen, die er von dort steuern konnte.

Das durch Lufteinwirkung langsam angetrocknete Blut und Pruritus freundeten sich an. So erfuhr er von den unendlich scheinenden Möglichkeiten einer Macht als Juckreiz vom Körperinneren.

Ein kurzer Freudentanz lockte den Fingernagel, welcher unbewusst den angetrockneten, zur Kruste gewordenen Blutstropfen abstreifte und erneut Zugang in eine Vene ermöglichte.

Er nahm all seinen Mut zusammen und fügte sich in den Blutstrom ein. Rote mit CO_2 beladene Blutkörperchen keuchten ihm entgegen. Ab und zu mal ein Leukozyt der ihn freundlich grüßte.

Beinahe gedachte der Juckreiz vor Erschöpfung aufzugeben. Die Schwere der Müdigkeit ließ ihn in einen tiefen Schlaf fallen. Er träumte von einer Cholangitis, die einen Gallenrückstau in der Leber verursachte und ihn zum Jucken einlud.

So vergingen Stunden, Tage oder gar Wochen. Weil Pruritus keine Zeit kannte, war es egal. Jedenfalls öffnete er irgendwann vorsichtig die Augen und erschrak aufs Heftigste.

Vor ihm zeigte sich ein Bild des Grauens mit schrecklicher Gewalt. Leukozyten unterschiedlicher Einteilungen und Aufgaben kämpften unerbittlich, was er noch nicht wusste, um ihn. Unbeschreiblich diese Brutalität, dieses Durcheinander, alles, um ihn für eine der Leukämien zu gewinnen. Pulsierend im Rhythmus des Blutplasmas schlugen und stachen sie aufeinander ein. Lymphozyten der chronischen lymphatischen Leukämie drohten sich im Kern zu zerquetschten, um sich als Gumprecht-Kernschatten hervor zu tun. Philadelphia-Chromosomen feuerten die chronische myeloische Leukämie an. Auer-Stäbchen säumten angespannt den Gefäßrand und drückten der akuten myeloischen Leukämie die Daumen.

Träumte er schlecht? Er wünschte zu erwachen. Ängstlich drückte er sich an das Knochenmark hinter ihm. Traute er sich doch kaum zu einer Bewegung.

Beginnend leise, dann immer lauter werdend, hörte er eine freundliche Stimme fragen, ob er denn taub sei? Ein Erythrozyt war um seine Aufmerksamkeit bemüht. Langsam wandte er den Blick zur Seite und sah direkt in die Augen eines gut genährten Erythrozyten. Um diesen herum versammelten sich weitere mollige Exemplare. Nicht einen von ihnen schien das, was ihn so ängstigte, auch nur ansatzweise zu beeindrucken. Rote Blutkörperchen waren dem Juckreiz bekannt, wenngleich auch nicht so wohlgenährt wie diese.

Bevor er etwas erwidern konnte, erklärte das wohlgeformte Exemplar, dass alles schlimmer aussah als es in Wirklichkeit war, rangen doch alle um ihn. Er traute seinen Ohren nicht, fühlte sich geschmeichelt und konnte eine aufkommende Sympathie für sein Gegenüber nicht leugnen. So verebbte seine Angst langsam und es entwickelte sich eine Vertrautheit und die Hoffnung herauszufinden, welche Spaßfaktoren einem Juckreiz von hier aus offen standen.

Pruritus sollte nicht endtäuscht werden. Er befand sich im Knochenmark, in der Tiefe des Menschen. Es dauerte nur kurze Zeit, bis sich vermehrt Leukozyten und Thrombozyten zur Polycythaemia rubra vera gesellten.

Die myeloproliferativen Erkrankungen des Knochenmarktes ließen Freude in ihm aufsteigen. Weniger erfreut war hierüber der Mensch. Das war den Blutkörperchen allesamt egal. Im Knochenmark ging die Post ab. Es wurde gesungen, gelacht, getrunken und getanzt.

Pruritus legte soeben mit der lymphatischen Leukämie eine Schwindel erregende fesche Sohle aufs Parkett, als plötzlich ein Strahl die Umgebung erhellte und abrupt jegliches Geräusch verstummte. Es wurde so hell, dass die Blutkörperchen Sonnenbrillen aufsetzten. Verdutzt und völlig irritiert, hielt er seine Hand vor Augen, er war der Einzige ohne Sonnenbrille, und versuchte zu begreifen was los war.

Eines der Erythrozyten reichte ihm eine Brille, damit er schauen konnte. Ein Heer von mehrkernigen Sternberg-Reed-Riesenzellen frappierte sich majestätisch und erhaben durch den Blutfluss. Gefolgt von nicht minder eingebildet erscheinenden einkernigen Hodgkin-Zellen. Sie zogen alle Blicke auf sich. Er brauchte einige Sekunden, wandte sich zur Tanzpartnerin, um diese zu fragen, um was für Gestallten es sich da handelte.

Dazu sollte es nicht kommen. Ehe er sich versah wurde er von ihnen eingefangen. Welch ein Abenteuer, es machte Spaß. Morbus Hodgkin und der Juckreiz harmonierten ausgezeichnet miteinander. Es war eine große Freude die Hand des Betroffenen auf die Haut zu bewegen. Sie kratzte, ja zerkratzte diese. Und wieder einmal war der Mensch beschäftigt herauszufinden, was die Ursache des lästigen Juckreizes war.

Pruritus fühlte sich bestätigt. Leider war dieser Zustand nicht von ewiger Dauer. Der Patient wurde behandelt und das Heer der Zellen verschwand so plötzlich wie sie einst in sein Leben traten.

Der treuste Freund war das Blut. Es ermöglichte ihm Beweglichkeit in jeden Winkel des Körpers. So bereiste Pruritus die kranke Leber. Er vereinte sich mit Bilirubin, welches die Haut Gelb färbte und erinnerte sich an seinen Traum. Insuffiziente Nieren führten ihn zur Urämie. Er durfte mit dem berühmten Diabetes und der aus ihm folgender Polyneuropathie zusammen wirken.

Und dennoch wurde er immer wieder vom Gefühl der Einsamkeit eingeholt. Jedes Mal, wenn er glaubte die Ursache fürs Leben gefunden zu haben, war sie auch schon wieder fort. Manchmal war es so schlimm, dass er sich nach seinem Leben in der Nase zurück sehnte. Staub und Pollen gehörten dort zum Alltag, sie waren immer da.

Seine jetzige Existenz strengte ihn zunehmend mehr und mehr an. Er war erschöpft, kurz vor einem Born-out. Versunken in depressiven Gedanken schlurfte er irgendwo unter einer Hautoberfläche ziellos umher. Fast überhörte er die zarte fragende Stimme der Urtikaria, ob er vielleicht Hilfe bräuchte und sie etwas für ihn tun könne. Zögernd schaute er auf und war wie vom Blitz getroffen. Bilder aus vergangenen Tagen zogen an ihm vorbei und er erinnerte sich an die aufregende Begegnung mit dem Histamin. Sie war ihre Freundin. Pruritus fand keine Erklärung dafür, warum er sie bisher übersah.

Urtikaria, so abwechslungsreich, so vielseitig und unergründlich, dass sie Menschen in die Verzweiflung treiben konnte. Sie trat auf, wo und wann es ihr gefiel. Sie kannte unzählige Auslöser unterschiedlicher Art, sie war so einzigartig und wunderschön. Es war Liebe auf den zweiten Blick. Worte waren hier überflüssig. Das einzige was der Juckreiz stotternd hervorbrachte war: „Willst du mich heiraten?" Und wenn sie nicht gestorben sind, dann quälen sie noch heute die Menschheit.

Es war einmal ein Juckreiz.....

Ne, ne, ne, was hab ich bloß?

Drei Verwandte lernen sich kennen

An der Risiko Haltestelle

Voller Ungeduld, auf und ab tippelnd, schaute Une auf die Uhr. Unruhig schaute er in alle Richtungen und schließlich in zwei, ihn anstarrende Augen: „Was glotzt du!? Kennen wir uns?"

Echte schluckte, hatte er doch nicht mit dieser Frage gerechnet. Leiser als ihm Recht war, hörte er sich sagen: „Mir ist so, als seien wir uns schon begegnet."

In dem Moment rauschte ein Lastwagen mit Hämatomen vorbei, so dass Une fast schrie: „Das kann nicht sein, aber vielleicht kennt mein Kumpel dich, er müsste gleich hier sein. Wir wollen gemeinsam den nächsten Risikofaktor nehmen."

Echte zeigte die Straße hinunter: „Ist es der, der da angehechelt kommt?"

„Ja, das ist er. Hallo Disso, alles klar? Ich dachte schon du kommst gar nicht mehr", freudig begrüßte er seinen Freund. „Das ist Echte." Er zeigte auf diesen mit den Worten: „Er meint mich zu kennen – kennst du ihn vielleicht?"

Nachdem sich Dissos Atmung einigermaßen beruhigt hatte, prustete er: „Ich bin total aus der Puste. Meinst du den da?" Er schaute auf Echte: „Ne, nie gesehen – Hallo!"

Wieder seinem Freund zugewandt fuhr er fort: „Er ist sehr sympathisch finde ich, scheint echt zu sein." Disso grinste frech. „Nimmst du auch den nächsten Risikofaktor?" wandte er sich an Echte.

„Ganz schön kess, aber auch interessant", dachte Echte sich, bevor er reagierte: „Ja, das habe ich vor. Lass uns doch gemeinsam fahren, natürlich nur, wenn Une einverstanden ist. Ich würde euch gerne näher kennenlernen."

Une blickte misstrauisch von einem zum anderen: „Von mir aus gerne, aber woher wissen wir, ob wir dir trauen können?" Er räusperte sich.

Fast beleidigt, mit scharfen Unterton konterte Echte: „Wie Disso bereits bemerkt und erwähnt hat, bin ich echt. Das kannst du ja nicht gerade von dir behaupten. Oder warum trägst du diesen hässlichen Mantel?" Echte machte eine verächtliche Handbewegung, um seine Aussage zu unterstreichen.

Une kniff die Augen zusammen und hielt seinen Mantel krampfhaft geschlossen: „Nur weil ich anders bin, bin ich nicht weniger gefährlich", zischte er zurück.

„Sollte ich dich beleidigt haben, dann tut es mir leid, so war es nicht gemeint. Ich wollte dich weder beleidigen noch bewerten."

Echtes Stimme klang versöhnlich: „Für mich war es lediglich eine Feststellung."

Une verteidigte sich weiter: „Ich kann mich verkleiden, bin ummantelt, deshalb werde ich als unecht bezeichnet. Dennoch bin ich in meiner Gefährlichkeit nicht zu unterschätzen. Erst recht nicht, wenn man mich übersieht."

„Nun gebt mal nicht so an", mischte Disso sich in das Gespräch. Völlig zusammenhanglos fügte er hinzu: „Ist meine Persönlichkeit auch gespalten, so finde ich nicht selten den Weg zurück. O.k. mal ist dieser Weg etwas länger, mal etwas kürzer. Die Gefahr die von mir ausgeht, ist allerdings in beiden Situationen nicht auf die leichte Schulter zu nehmen."

„Es gibt Fälle, da muss ich gar nichts tun, ich bin einfach da", verteidigte Echte sich. „Angeboren sagen die Menschen. Oder aber es gibt hervorragende Voraussetzungen für mich, zum Beispiel eine erbliche Bindegewebsschwäche. Der Betroffene merkt mich erst, wenn er tot umfällt. Und wenn er tot ist, dann ist es zu spät, hihihi. Das ist allerdings sehr selten der Fall." Die Stimmung lockerte auf.

„Wie lange dauert es denn noch, bis der Risikofaktor kommt?" Une spürte eine Ungeduld aufkommen.

„Außerdem sind Disso und ich ebenfalls in der Lage, jemanden von jetzt auf gleich tot umfallen zu lassen. Der Jemand merkt dann auch nicht, dass er tot ist, zumindest nicht sofort", ging er weiter auf das Thema ein und kicherte bei der Vorstellung.

„Da kommt die Arteriosklerose, habt ihr Lust mit zu fahren, oder wartet ihr auf andere Risiken?" Echte sprang erleichtert auf den Risiko Zug. Er hatte keine Lust mehr zu warten.

„Meinetwegen, obwohl ich ja Verletzungen bevorzuge. Aber so eine Arteriosklerose kann eine Verletzung durchaus begünstigen" ereiferte Une sich. „Ist allerdings mit einer Verletzung durch eine Operation, oder Legen eines Katheters auf keinen Fall zu vergleichen. Das Trauma von außen nicht …

„Was ist jetzt?" Disso fiel ihm ins Wort. „Fahren wir mit?"

„Beeil dich, sonst fährt sie ohne euch ab, die Arteriosklerose. Sie ist durchaus eine meiner Lieblingsrisikofaktoren", bemerkte er.

„Versteh ich, versteh ich, bin ja schon da." Une und Disso waren kaum eingestiegen, als sich quietschend die Türen des Zuges schlossen. Echte war sichtlich aufgeregt. Er freute sich darüber, die neuen Freunde an seiner Seite zu haben: „Ach, wie schön eure Bekanntschaft gemacht zu haben und dass ihr mitfahrt. Oh, schaut mal, es gibt heute einen Sonderbonus, ne dicke Wolke Nikotin."

„Mmh, lecker." Freudig griff Echte zu.

„Laber, laber, laber." Une verdrehte die Augen. „Kannst meine Portion auch noch haben, ich mag jetzt kein Gift."

„Was für Risikofaktoren bevorzugt ihr denn sonst noch so?" erkundigte Echte sich neugierig.

„Na zumindest die, die die Arteriosklerose begünstigen", gab Une zum Besten. „Sehr lecker und zuckersüß der Diabetes mellitus. Fettstoffwechselstörungen oder einen Höhenflug mit der Hypertonie."

Echtes Augen leuchteten: „Oh ja, die Hypertonie. Sie ist für mich eine wunderbare Geburtshelferin."

„Auch in meinem Fall unterstützt die Hypertonie durchaus meine Entstehung", bemerkte Disso wichtigtuend.

„Die Hypertonie kann das Ende bedeuten. Knall und Peng! Das Blut spritzt, und – tot!" Une klatschte in die Hände. Oder es gibt Hirnblutungen mit dramatischen Folgen."

„Wenn ich mich in der Bauchaorta befinde und es kommt zum Knall, was meint ihr wie´s da abgeht! Vor lauter Blut siehst du nichts mehr. Allerdings ist es eher ein kurzes Vergnügen", malte Echte das Spektakel aus.

„Anders beim Diabetiker. Knallt es im Augenhintergrund, profitiert der Mensch sehr lange von dem Event. Er steht im

Dunkeln. E r b l i n d e t!" Disso schlug sich vor
Begeisterung auf die Knie.

„Leider kann eine Vorsorgeuntersuchung durch eine
Augenhintergrundspiegelung uns diesen Spaß vermiesen. Die
Menschen können so sogar Rückschlüsse auf das gesamte
Gefäßsystem nehmen und uns um weitere Freuden
austricksen", dämpfte Echte die Freude ein wenig.

„Jetzt sei doch nicht so pessimistisch. Es gibt mehr als
genug gleichgültige Wesen auf der Erde, die es mit ihrer
Gesundheit nicht so genau nehmen", lachte Une seinen
Freunden aufmunternd zu.

„Stimmt, ich denke an die Syphilis. Sie ist ebenfalls eine
leckere Risikofaktorin. Seid ihr da schon mal mitgefahren?
Oder die Arteriitis? Oder ..." Echte spürte eine Sehnsucht
nach Abenteuern in sich aufkommen.

„Hey ihr Zwei, es gibt so viele Züge zum Aufspringen",
übernahm Disso das Wort. „Und das Beste, egal wie klein
oder groß wir sind, die Folgen können in jedem Fall
dramatisch enden. Ist es nicht ein tolles Gefühl so mächtig
zu sein?"

„Und es kommt noch besser!" Une strahlte vor Begeisterung.
„Unsere Anwesenheit, bemerkt oder unbemerkt, hat einen
nicht zu unterschätzenden Einfluss auf der Gesundheits-
Katastrophenskala. Der Blutstrom verändert sich, es
entstehen Tromben ..."

„Genau", unterbrach Echte seinen neuen Freund. „Und die wiederum lösen Embolien aus mit verheerenden Konsequenzen – Wahnsinn!"

„Kennt ihr Beide eigentlich das Herzaneurysma?" unterbrach Disso die beiden Kumpel.

„Wen?" kam es von Une und Echte wie aus einem Munde. Ungläubig, als hätten sie sich verhört, schauten sie auf Disso.

Irritiert stotterte Une: „Was soll das denn sein und wann tritt es in Erscheinung und wie kommst du darauf?"

Verwundert erklärte Disso: „Ich habe etwas Ahnenforschung im Internet betrieben. War höchst interessant. Demnach tritt es nach einem Herzinfarkt in Erscheinung. Die Nekrosen vernarben, bei übermäßiger Belastung kommt es dort zu Ausbuchtungen und schwupp, das Herzwandaneurysma ist da."

„Ach, wie interessant", Une konnte seine Verwunderung nicht verbergen.

„Finde ich auch." Unvermittelt sprang Echte auf: „Oh! Da kommt gleich ein Bahnhof, ich werde dort umsteigen in die Risikofaktorin Syphilis. Will einer von euch mit? Ansonsten lasst uns noch schnell die Adressen austauschen. Ich bin Echte, das echte Aneurysma, auch Aneurysma vernum genannt."

Hektisch tauschten die Drei ihre Adressen aus.

„Ich bin Une, das unechte Aneurysma, auch Aneurysma spurium genannt."

„Und ich bin Disso, das dissoziierende Aneurysma, auch Aneurysma dissecans genannt."

Die Arteriosklerose fuhr mit quietschenden Bremsen in den Bahnhof ein.

Sie schafften es gerade noch rechtzeitig ihre Zettel auszutauschen, bevor Echte eilig den Zug verließ, um in die Syphilis umzusteigen: „Danke für den schönen Nachmittag! Ich bin denn mal weg, wünsch euch Zweien noch viel Spaß. Bis bald! Thüß!" verhallten seine Worte im Rauschen der sich schließenden Zugtür.

Disso und Une winkten Echte hinterher: „Komischer Kauz", waren sie sich einig und fuhren weiter.

Drei Verwandte lernen sich kennen

Ne, ne, ne, was hab ich bloß?

Kommissar Heilhaha und der fragwürdige Tod des Herzens

Es ist fünf Uhr morgens. Emsig bewegen sich die Männer um das Opfer. Es handelt sich um ein männliches Herz, ca. 45 Jahre alt.

„Könnt ihr schon etwas zur Todesursache sagen?" fragte Kommissar Heilhaha gähnend."

„Nicht wirklich", kam müde die Antwort vom Pathologen. „Eine direkte Gewalteinwirkung ist nicht auszumachen, allerdings zeigt das Opfer Einblutungen. Mehr Infos gibt's später in der Pathologie. Vielleicht haben die Jungs von der Spurensicherung schon etwas herausgefunden."

"Wer hat das Opfer gefunden, gibt es Zeugen?" Müde drehte Heilhaha sich einem sichtlich in seine Arbeit vertieften Mann zu. Der Mann von der Spurensicherung schaute auf und zeigte auf eine halb geleerte Flasche Bier und eine bis zur Hälfte gerauchte Zigarette. Die Beide völlig fertig, verheult, verrotzt und zitternd auf einem Stuhl standen, bzw. saßen.

Langsam bewegte sich der Kommissar in ihre Richtung und stellte dankbar fest, dass sein Assistent Corona sehr mitfühlend versuchte die Beiden zu befragen. Die Blicke der Ermittler trafen sich. Corona nutzte diesen Moment um sich loszumachen. „Sie stehen total unter Schock, sind noch nicht vernehmungsfähig", murmelte er vor sich hin, während er auf Kommissar Heilhaha zuging. „Die Zwei haben 'ne Beruhigungsspritze bekommen. Der Notarzt kümmert sich um sie", teilte er seinem Chef mit.

„Ich brauch jetzt erst mal einen starken Kaffee, begleitest du mich?"

„Da bin ich sofort dabei", antwortete Corona, während er darüber sinnierte, ob sein Chef Gedanken lesen konnte.

"Hier können wir momentan nichts ausrichten", sprach Heilhaha weiter.

„Ja, das Warten auf die Berichte vom Pathologen und der Spurensicherung wird bei einem guten Kaffee und Frühstück weitaus angenehmer", kommentierte der Assistent zustimmend und schaute auf die Uhr. Es war inzwischen 6 Uhr 30.

Bei einem reichhaltigen Frühstück tauschten die beiden Ermittler sich aus: „Was wissen wir denn bis jetzt? Es gibt keine Spuren von Gewalteinwirkungen. Ich habe mich eigens in den Vorhöfen und Kammern umgeschaut. Die Klappen waren unauffällig."

„Ja, ich bin ebenfalls durchgegangen, ich fand den linken Herzmuskel etwas hypertrophiert", entgegnet Corona seinem Chef, auch um sich etwas wichtig zu machen. „Ich denke, wir müssen als nächstes mit der Bierflasche des Toten sprechen, vielleicht kann sie etwas über den Ablauf des Geschehens sagen. Schließlich stand sie zur Tatzeit neben dem Bett."

„Ich sehe schon, wir werden wieder mal in alle Richtungen ermitteln müssen", stöhnte der Kommissar, während er seine leere Kaffeetasse von sich schob. Er machte Anstalten zu gehen. Corona zahlte eilig das Frühstück für Beide und stolperte seinem Chef hinterher. „Du kümmerst dich um die Organe und Systeme, vielleicht hat jemand etwas beobachtet. Am besten beginnst du in der nächsten Umgebung. Ich denke da an die Lunge, das Blut, du weißt schon, machst es ja nicht zum ersten Mal. Auf jeden Fall besuchst du heute noch den Hypertonus."

„Und das Reizleitungssystem?" fiel Corona ins Wort.

„Ich werde unterdessen unseren Pathologen aufsuchen, vielleicht kann er jetzt mehr sagen. Ich werde das Reizleitungssystem befragen und mich um die hypertrophierte Herzwand kümmern. Anschließend besuche ich die Flasche des Opfers."

Corona stimmte der Anweisung zu, wissend dass Widerspruch sinnlos wäre, und machte sich direkt auf den Weg zum Hypertonus.

„Nach dem Gespräch mit dem Pathologen werde ich mich 'ne Stunde aufs Ohr legen, bevor ich mit der Flasche spreche."

Ein penetranter, scharfer, Übelkeit erzeugender Geruch riss den Kommissar aus seinen Gedanken. „Moin moin." Freundlich wurde er von Dr. Schnipp empfangen, dem nicht entging, dass sein Freund kurz vor dem Erbrechen stand. „Klammern liegen dort links." Dr. Schnipp zeigte auf eine Schachtel. „Wir haben noch einen Fall zu bearbeiten, eine Darmperforation. Dank des Personalmangels stinkt er noch vor sich hin. Aber du kommst sicher wegen des toten Herzens von heute Morgen."

Mit angehaltenem Atem und den Kopf nickend bediente Heilhaha sich dankend am Klammerkästchen. Er hasste diesen Gestank. Da war eine durch die Klammer zusammengequetschte Nase das kleinere Übel.

„Was hast du herausgefunden?" Ungeduldig stellte er seinem Freund die Frage. Dieser schaute grinsend in das Gesicht von Heilhaha. „Es handelt sich um ein ca. 45 Jahre altes männliches Herz. Einen Östrogenmangel können wir also ausschließen."

„Willst du dich über mich lustig machen?" fiel Heilhaha dem Pathologen ins Wort.

„Nein, aber sorry, diese Klammer sieht echt komisch aus", kicherte Schnipp zurück und sprach weiter: „Todeszeitpunkt zwischen 4 Uhr 30 und 5 Uhr. Es gibt keine Aortenstenose, noch Hinweise auf eine Myo- oder Endokarditis. Ein Pericaterguß liegt auch nicht vor. Ebenso kann ich Herzfehler und Shunts ausschließen. Ich habe einen leicht hypertrophierten Muskel in der linken Kammer gesichtet. Die vier Klappen sind alle intakt. Allerdings lassen die Gefäße auf ungesunden Lebenswandel schließen. Sicher hat der Hypertonus seine Finger mit im Spiel. Vielleicht gelingt es dir, ihn dieses Mal zu überlisten. Es gibt Anzeichen so wie Narben, die auf vorausgegangene stumme Infarkte hinweisen. Deshalb auch das Herzaneurysma als Folge des Geschehens. Eine nicht gerade kleine Nekrose lässt auf einen ziemlich heftigen Infarkt als Todesursache schließen. Ein Schnelltest entsprechender Enzyme, die Troponin T-Werte bestätigen das Ganze. Es besteht die Möglichkeit, dass die Herzkranzgefäße zumindest eine Mittäterschaft trifft. Hast du schon mit der Reizleitung gesprochen oder mit der Bierflasche?"

„Nein, das kommt als Nächstes. Ist ja mal wieder alles und nichts möglich. Corona befragt die Nachbarschaft, vielleicht ist jemanden etwas aufgefallen. Doch um die Zeit schläft der normale Mensch, das würde ich jetzt auch gerne. Gibt es Hinweise auf die Einnahme von Medikamenten oder vielleicht das Bestehen einer Anämie?" forschte Kommissar Heilhaha weiter.

„Dazu kann ich noch nichts sagen, steht dann alles im Bericht, musst dich noch etwas gedulden. Wenn du mich lässt werde ich heute noch fertig."

„Na dann will ich dich nicht weiter aufhalten." Der Kommissar verabschiedete sich vom Pathologen und eilte zum Ausgang. Erleichtert entfernte er die bereits schmerzende Klammer von seiner Nase und atmete tief durch. Automatisch griff er zum Handy und wählte die Nummer vom Präsidium. Die Spurensicherung hatte unter Anderem diverse Reste von Kartoffelchips, so wie Fettspuren von Burgern, Pommes und Schokoriegel gefunden. Auch Spritzer von Limo, Cola und hochprozentigen Getränken wurden sichergestellt, berichtete seine Sekretärin.

Heilhaha stieg in sein Auto und fuhr umgehend zum Haus des Toten, in der Hoffnung dort mehr zu erfahren. Eine Zigarette, dessen vom Nikotin vergilbter Filter in Falten lag, öffnete die Tür. Sie erkannte den Kommissar sofort. Bilder vom Morgen flackerten in ihr auf. „Guten Tag." Sie bat ihn ins Haus. „Meine Freunde befinden sich im Wohnzimmer. Wir sind alle völlig fertig."

Eine blasse, abgestandene, schale Flasche Bier, aus der alle Kohlensäure entwichen war, stand auf einem Wohnzimmertisch. An ihm klebten Reste von mittlerweile angetrocknetem Erbrochenem. Die Flasche bemerkte das Eintreten ihrer Freundin mit dem Kommissar nicht sofort.

„Guten Tag." Unsicher begrüßte Kommissar Heilhaha die Bierflasche. Die schaute mit trübem Blick zu ihnen hinüber. Trauer erfüllte den Raum. „Als erstes möchte ich ihnen mein Beileid aussprechen", begann er das Gespräch und es fiel ihm nicht leicht. „Fühlen sie sich in der Lage, mir ein paar Fragen zu beantworten? Ich werde versuchen mich kurz zufassen."

Zaghaft, fast flüsternd antwortete die Flasche mit einem „Ja, fragen sie ruhig." Ein fettiger kalter Burger mit einer ebenso fetten, mit viel Mayonnaise und Ketchup geschminkten Schale Pommes betrat den Raum. Kommissar Heilhaha dachte sofort an die von der Spurensicherung gefundenen Fettspuren.

„Ist ihnen heute Morgen etwas aufgefallen, war etwas anders als sonst?" stellte Heilhaha seine Frage in den Raum.

Mit leiser Stimme begann die Bierflasche zu berichten was am Morgen geschah: „Ich erwachte durch ein lautes Röcheln. Unser Konsument wälzte sich, der kalte Schweiß stand ihm auf der Stirn und Oberlippe. Mit der einen Hand riss er sich die Schlafanzugjacke auf, als hätte er Angst zu ersticken. Mit der anderen Hand griff er vergebens nach mir. Er setzte sich auf, rang nach Luft. Er hatte Angst, große Angst. Er konnte kaum sprechen. Wiederholte immer wieder, dass er keine Luft bekäme. Das er starke Schmerzen hinter dem

Brustbein hätte, die wohl in den Rücken, zwischen die Schulterblätter ausstrahlten. Er sprach von Schmerzen ausstrahlend in den linken Arm. Sein Herz. Er hatte eine heftige Tachykardie. Manchmal kamen Rhythmusstörungen hinzu. Sein Gesicht verzerrte sich bis zur Unkenntlichkeit. Er wurde immer blasser, ja grau-fahl sah er aus. Sein Herz hörte auf zu schlagen. Er war kaum noch ansprechbar. Alles ging so schnell. Uns wurde klar, wir hatten ihn verloren."

„Und was haben sie gemacht?" fragte Heilhaha weiter.

„Ich rief den Notarzt", mischte sich der Burger in das Gespräch ein.

„Wir alle hatten Angst, wussten nicht was wir tun sollten, wir fühlten uns hilflos." Die Flasche begann erneut zu schluchzen.

Der Kommissar kombinierte, dass sie und die Zigarette nicht die einzigen Anwesenden zur Tatzeit im Hause des Toten waren. Er fragte weiter: „Was für eine Beziehung hatten sie zu dem Verstorbenen?"

„Wir waren sehr vertraut miteinander, alle." Kalte Asche fiel auf den Boden. „Sie sehen ja, der Aschenbecher quillt über. Wer soll mich jetzt rauchen? Er fehlt mir so."

„Hör auf zu jammern." Ohne eine Spur von Trauer fiel ihr die labberige Schachtel Pommes ins Wort. „Es gibt genügend andere Konsumenten. Er war nicht der Einzige arbeitswütige, gestresste Manager. Es gibt sie wie Sand am Meer. Frauen, Männer, sogar Kinder lieben uns. Und ihre Eltern sind ebenfalls nicht abgeneigt sich mit uns voll zu stopfen. Immer mehr Menschen sitzen vor der Glotze, vor dem Computer und haben keine Lust auf Bewegung. Du wirst sehen, es dauert nicht lange und wir haben einen neuen Konsumenten." Die Zigarette schaute zuversichtlich zur Pommes-Schachtel.

Kommissar Heilhaha hatte genug gehört. Ein Anflug von Ekel stieg in ihm auf. Er bedankte sich und ging. „Ich bin gespannt, ob Corona ebenfalls so erfolgreich ermittelt! Dieses Gespräch hier war sehr aufschlussreich", dachte er. Ein Anflug von Müdigkeit überkam ihn. Leicht genervt startete er den Motor seines Autos, um das Reizleitungssystem aufzusuchen.

Währenddessen im Körper: Der ehrgeizige Corona quälte sich durch verengte, zum Teil rissige Gefäße. Ablagerungen wie Plaque, Fett und Kalk ließen ihn nur mühsam voran kommen. Immer wieder traf er auf Erythrozyten, die sich zu Thromben versammelten und ihm den Weg blockierten. Wie im Rest des Körpers gab es auch hier nur ein Thema, der Tod des Herzens. Corona fragte sich durch: „Wo finde ich den Hypertonus?" schreckte er eine Ansammlung von Erythrozyten auf.

„Äh, wie, was ist los?" Stammelnd kam die Antwort als Gegenfrage.

Unerwartet plötzlich laut rauschte es mit tiefer Stimme um die Ecke kommend: „Wer will mich sprechen?"

Bevor Corona klar wurde, dass es sich um den Hypertonus handelte, dehnten sich die Gefäßwände beängstigend in die Breite. Die gerade noch im Gespräch vertieften Erythrozyten wurden mit einem gewaltigen Strom weggespült.

„Wer sind sie und was wollen sie? Das Herz ist tot, hier gibt es nichts mehr, für das es sich lohnt weiter zu machen."

„Mein Name ist Corona, ich ermittel im Fall Herztod und habe ein paar Fragen an sie." Unbeeindruckt vom Auftritt des Hypertonus, gab er ihm zu verstehen sich zu setzen, damit er seine Fragen stellen konnte. „Wo waren sie heute Morgen zwischen 4 Uhr 30 und 5 Uhr?"

„Wo soll ich schon gewesen sein? Wollen Sie mir den Mord in die Adern schieben? Ich habe hier nur meinen Job gemacht und der war in den letzten Monaten sicher nicht leicht. Sie sehen doch die Erythrozyten, unter solchen Bedingungen zu fließen ist schwer. Sie pausieren immer öfter. Die Gefäßwände werden immer poröser. Das sind Zeichen für meinen Einsatz. Im gesamten Körper müssen die Innenwände renoviert werden. Ich stehe in Kontakt mit allen Organen, Blut fließt überall."

„Gab es in den Morgenstunden etwas Besonderes? Ich habe gehört, sie schießen öfters mal in die Höhe, haben sie einen

Waffenschein?" Corona zeigte sich unbeeindruckt, stellte
weiter seine Fragen und erhielt interessante Antworten.

Der Hypertonus berichtete über stets mehr werdende
Blutfette, Zigarettengifte, Stresshormone die ihn immer
häufiger zu Hilfe holten. Regelmäßige Konferenzen an
denen immer mehr Organe teilnahmen fanden statt. Die
Lunge klagte, Nikotin, Teer und heißer Rauch zerstörten die
Flimmerhärchen. Bronchen und Bronchiolen verklebten. Die
Alveolen klagten über Sauerstoffmangel. Dieser fehlte im
gesamten Körper. Die Verdauungsorgane klagten über
unqualifizierte Nahrung und die Pankreas fühlte sich
veräppelt, stand kurz vor dem Burn-out. Weil es immer öfter
aufgefordert wurde Insulin abzuschießen, stieg das Risiko
eines Diabetes mellitus dramatisch. Die Leber musste immer
häufiger Alkohol abbauen und das Fett staute sich in ihr. Ja,
die Fettzellen im gesamten Körper vermehrten sich
Zusehens unkontrolliert.

„Der Widerstand in den Gefäßen, so wie die Belastung
einzelner Organe nahm stetig zu. Und wenn sie meinten
nichts ginge mehr, riefen sie mich." Der Hypertonus sprach
traurig weiter: „Jetzt sind wir hier alle arbeitslos und die da
draußen werden weiterhin konsumiert."

„Wen meinen sie mit denen da draußen?" Noch während
Corona die Frage stellte, wurde ihm die Antwort bereits klar.
Er dachte an die Fettabdrücke, die am Tatort gefunden
wurden. „Noch eine letzte Frage, waren sie zur Tatzeit in der
Nähe des Opfers? Das Herz musste doch ebenfalls unter

diesen schlimmen Zuständen gelitten haben?" Gespannt wartete der Kriminalassistent auf eine Antwort.

Doch bevor der Hypertonus antwortete, sackte dieser in sich zusammen und war wie weggepustet. Für einen Moment irritiert, aber keines Falls entmutigt führte Corona seine Arbeit fort. So befragte er die Lunge und einige andere Organe. Alle bestätigen die Aussage des Hypertonus.

„Die Organe entlasten den Bluthochdruck", stellte Corona fest. „Der Verdacht geht mehr in Richtung ungesunde Lebensweise, irgendwie sind sie alle Opfer." Er stieg in sein Auto um ins Präsidium zu fahren. Gespannt auf das, was Kommissar Heilhaha herausgefunden hatte, verließ er das Körperinnere.

Kommissar Heilhaha saß vertieft im Gespräch mit dem Reizleitungssystems im linken Ventrikel um einen Papillarmuskel herum. Es war kalt, Teile der Mitralklappe hingen lasch über ihren Köpfen. Der hypertrophierte Herzmuskel und die Herzkranzgefäße saßen mit am Papillarmuskel.

„Ich kann es nicht glauben." Kopfschüttelnd und gebrochen berichtete der Sinusknoten. "Es gab wahrlich bessere Zeiten, damals, lange ist es her, als das Herz noch trainiert wurde. Regelmäßiges Joggen und andere sportliche Aktionen ließen Urlaub in Bradykardie zu."

„Ja", fielen die Herzkranzgefäße spontan ins Wort. „Und für uns gab es Sauerstoff in Mengen, Mangel war ein Fremdwort."

„Mit den Jahren waren dem Menschen andere Dinge wichtiger, schleichend entwickelte sich eine Herz-insuffizienz. Hin und wieder, später öfter, schickten wir eine Extrasystole aus, als Warnung. Sie wurde ignoriert. Es ist nicht immer leicht gewesen die Situation auszugleichen. Sie sehen ja ich bin eigentlich zu dick", kommentierte die Myokardwand.

„Die Besuche des Hypertonus wurden immer mehr. Das hat uns nicht gut getan, Risse in den Wänden und Verengungen nahmen zu", beklagten die Koronargefäße.

„Für mich hieß das Mehrarbeit, aus Bradykardie wurde Tachykardie", stöhnte der Sinusknoten.

„Letztendlich betraf es uns alle", fiel der AV-Knoten ins Wort. „Schließlich mussten wir alles weiterleiten bis in den Muskel, damit es zur Kontraktion kommen konnte. Es gab Situationen in denen der Sinus ganz ausfiel und ich alleine übernahm", ereifert sich der AV-Knoten.

Das Hissche Bündel, die Tawaraschenkel so wie die Purkinje Fasern nicken heftig zustimmend mit dem Kopf ,um die Aussage des AV-Knotens zu unterstreichen.

„Wie kam es denn zu den Verschlechterungen?" unterbrach Kommissar Heilhaha die Diskussion.

„Irgendwann begann die Lunge kurzatmig zu werden, weil mal wieder Nikotin in sie eindrang. Bewegung wurde immer weniger. Gesundes wie Gemüse und Obst machten sich rar. Fettes Essen wie Pommes, Chips, Schokoriegel und wie sie alle heißen, nahm immer mehr Raum ein. Der von uns zu versorgende Körper wurde immer umfangreicher. Dazu kamen Bier, hochprozentiger Alkohol, Stress und unkontrolliertes Feiern und Schlafmangel. Es war ein schleichender Prozess."

„Das eine Mal trank der Konsument so viel Alkohol, dass es zu einer Elektrolytverschiebung kam. Wasser wurde längst keines mehr getrunken. Das bedeutete vollen Einsatz für uns." Der Sinusknoten wurde ganz blass, während er sich erinnerte. „Es kam sogar zum Vorhofflimmern."

„Dank guter Zusammenarbeit bekamen wir die Situation in den Griff und konnten ein supraventriculäres Kammerflimmern gerade noch verhindern", vollendete das Hissche Bündel den Satz.

„Die Narben der Stummen Infarkte sind doch sicher genug Beweis unserer wahrlich nicht einfachen Situation", stöhnt der müde gähnende Herzmuskel.

„Kann mir einer von ihnen sagen, was in der Mordnacht geschah, wie es zum Tod des Herzens kommen konnte?" bohrte der Kommissar unnachgiebig weiter.

Die Anwesenden tauschen stumme Blicke. „Es fällt uns nicht leicht, wir fühlen uns als Versager, obwohl wir wirklich alles versucht haben das Herz zu retten", überwindete sich der Sinusknoten und begann zu erzählen was in der Nacht geschah.

Völlig erschöpft verließ Heilhaha die dunkle, ungemütliche linke Kammer. Fassungslos versuchte er zu begreifen, was er gerade gehört hatte. Er rief seinen Assistenten an: „Hallo Corona." Seine Stimme klang müde „Wir treffen uns morgen früh im Präsidium. Ich habe sehr interessante Neuigkeiten herausgefunden."

„Ja, auch ich habe einiges Wissenswertes erfahren, Chef. Wir können uns auch sofort treffen."

„Nein!" kam es endschieden zurück: „Corona, es ist spät, die letzte Nacht war sehr kurz, wir sehen uns morgen um 8 Uhr im Präsidium. Die Laborergebnisse werden dann auch fertig sein."

„Ja Chef, dann wünsche ich eine gute Nacht, bis morgen." Enttäuscht legte der Assistent auf.

Schwungvoll öffnete sich die Tür zu Heilhaha's Büro. „Entschuldigung, ich habe den Wecker nicht gehört." Corona setzte sich seinem Chef gegenüber.

Dieser schaute leicht genervt, aber ausgeschlafen auf die Uhr. Es war bereits 8 Uhr 30. „Ich habe inzwischen den Laborbericht gelesen. Passt alles zu dem, was ich gestern erfahren habe."

Heilhaha schenkte Kaffee in seinen Becher und nahm einen kräftigen Schluck: „Aua, ist der heiß!" erschrak er, bevor er fort fuhr: „Die Fettspuren so wie die unterschiedlichen Faserspuren, Alte und Neue, beweisen, dass zur Tatzeit außer der Bierflasche noch viele andere Bierflaschen und alkoholische Getränke anwesend waren. Genauso verhält es sich mit den Pommes, Burger und anderen Lebensmitteln." Mit dem was er von Dr. Schnipp erfahren hatte beendete Heilhaha seine Ausführungen. „Und was konntest du heraus bekommen?" Der Kommissar stellte den inzwischen leeren Kaffeebecher auf den Tisch und schaute erwartungsvoll auf seinen Assistenten.

Sehr ausführlich, bis ins Kleinste berichtete Corona, was er von den Gefäßen erfahren, was er selbst gesehen hatte und vom Gespräch mit dem Hypertonus, der ihm fast leid tat. Er berichtete von den erhöhten Blutfettwerten, den regelmäßigen Konferenzen sämtlicher Organe, der müden Pankreas, er ließ nichts aus. Interessiert und immer wieder zustimmend mit dem Kopf nickend hörte Heilhaha seinem fleißigen Assistenten zu. „Gute Arbeit", lobte er ihn.

Heilhaha erhob sich von seinem Stuhl und begann im Raum auf und ab zu gehen. „Es passt alles zusammen. Du wirst nicht glauben, was ich gestern von der Reizleitung erfahren habe. Und das Beste, die sagen auch vor Gericht aus." Gespannt schaute Corona seinem Chef auf die Lippen, der zu berichten begann, was in der Nacht geschah.

„Sicher – Zigarette, Burger, Pommes und Konsorten waren mal Ausnahmen, die Betonung liegt bei waren. Sie haben sich immer mehr in das Leben des Konsumenten gedrängt. Sie haben ihn abhängig gemacht. Selbst das Wissen im Gehirn um diese Gefahr wurde ignoriert. Warnhinweise, wie z.B. Extrasystolen vom Reizleitungssystem, einfach ausgeblendet. Eine Verschwörung, die den gesamten Körper in Mitleidenschaft gezogen hatte."

Heilhaha atmete tief durch und sprach weiter. „Das was in der Tatnacht geschah ist unfassbar. In dem Haus des Konsumenten treffen sich weitere Konsumenten. Es wird getrunken, geraucht und, ja essen kann man das, was da abgeht, nicht mehr nennen. Fettige Pommes mit dick aufgetragener Mayonnaise oder Ketchup werden in den Mund gestopft. Chips sowie Salzstangen, auch Pizza in allen Variationen sind eingeladen. Nicht nur Bierflaschen, auch andere alkoholische Getränke werden in Unmengen geschluckt. Laute dröhnende Musik lässt den Hypertonus in die Höhe schießen. Der Sinusknoten muss schnell reagieren und gibt Impulse was das Zeug hält. Das Gehirn ist dermaßen vom Alkohol umspült, dass es in geistiger Umnachtung zu allem Überfluss den Sympathikus nötigt ebenfalls das Herz anzutreiben. ‚Geil und juchhe‘, denkt sich der Hypertonus und mischt ordentlich mit. Mal rauf mal runter. Die Herzkranzgefäße schaffen es nur spärlich mit der Sauerstoffversorgung. Ab und zu gibt es ein Schmerzsignal, doch der Konsument blickt nichts mehr. Dieses auf und ab überlastet den Sinusknoten, völlig aus der Puste gibt er zeitweise an den AV-Knoten ab, der dann übernimmt. Es fehlt immer mehr Sauerstoff. Alarm im gesamten Körper. Der Magen, ebenfalls einiges gewöhnt, ist in dieser Nacht maßlos überfordert, schmeißt einen Teil der Gäste vor die Tür, indem er schwallartig erbricht. Die Niere leidet unter Flüssigkeitsmangel verschuldet durch den hohen Alkohol- konsum. Das Herz ist stark beansprucht, Elektrolyt- verschiebungen und ein Mangel an Kalium lassen es nicht zur Ruhe kommen. Diese Situation zieht sich fast durch die ganze Nacht. Um 3 Uhr geht die Party dem Ende zu. Die Konsumenten verabschieden sich nach und nach lallend und rülpsend vom Gastgeber. Das Meiste ist gegessen, getrunken und geraucht. Hier und da liegen noch ein paar Zigaretten und Essensreste herum. Die Organe tun sich schwer wieder ins Gleichgewicht zu kommen. Am meisten leidet das Herz.“

Heilhaha machte eine kurze Pause: „Und dann kommt er. Ein dicker mit Fleisch und Käse, fettig schmieriger Soße belegter Burger. Fordernd spricht und lächelt er den

Konsumenten an, während Fett rechts und links aus ihm heraus tropft: ‚Iss mich, morgen schmecke ich nicht mehr. ‘“ Heilhaha mimte ihn mit verachtender Stimme nach.

„‚Nein, nein!‘ der Magen ist bereits überlastet, so wie der Rest des Körpers am Rande seiner Kraft steht. Das Herz, darauf konzentriert möglichst ausreichend seinen Job zu erledigen, bekommt davon vor erst nichts mit. Gierig, ungeachtet der körperlichen Einwände, greift der jetzt im Bett liegende Konsument zum Burger und stopft ihn in sich hinein. Dem Magen, langsam ziemlich sauer, bleibt nichts als sich so zu überdehnen, dass er gegen das Herz drückt. Überrascht und absolut überfordert mit der Situation schreckt der Sinusknoten auf. Er ist so erschöpft und muss nach wenigen Minuten aufgeben. Es kommt zum Vorhofflattern. Aufgeschreckt und in Panik müht sich das gesamte Reizleitungssystem ab. Der hypertrophierte Herzmuskel wird dem AV-Knoten zum unüberwindbaren Hindernis. Der Blutdruck steigt kurz in schwindelerregende Höhen. Eine der bereits vorhandenen Narben im Herzmuskel hält nicht stand, es kommt zur Ruptur und zum Herzaneurysma. Darauf folgen ein intraventrikuläres Flimmern und schließlich der Tod. Diese Aussage passt mit dem, was die Pommes-Schachtel im Haus des Verstorbenen ausgesagt hat, überein“, vollendete Heilhaha seinen Bericht.

„Aber was ist das Motiv?“ Ungläubig über das, was Corona gerade gehört hatte, stellte er seinem Chef die Frage.

„Eigennutz gemocht und konsumiert zu werden ohne Rücksicht auf Andere." Heilhaha erinnerte sich an die Antwort und Reaktion der Pommes auf die Frage der Zigarette, wer sie jetzt rauchen sollte. Der Fall ist gelöst. „Corona, wir müssen los, und vergiss die Handschellen nicht."

Kommissar Heilhaha und der fragwürdige Tod des Herzens

Ne, ne, ne, was hab ich bloß?

Das war`s dann ja wohl

Oh je, oh je, war das schlimm damals, es geschah völlig überraschend und unvorbereitet. Dass es ausgerechnet mich treffen musste, war mir doch recht peinlich. Diese Aufregung, ich mochte nie im Mittelpunkt stehen. Später die Feier, so viele Menschen kamen, um mir ihre Ehre zu erweisen. Heute geht es mir gut, aber von Anfang an berichtet:

Als Kind, ich war ein Einzelkind, musste ich bereits viel im Haushalt helfen. Mein Vater starb früh. So lebte ich ab meinem neunten Lebensjahr alleine mit meiner Mutter. Das bedeutete Schluss mit Lustig. Die vielen Pflichten lenkten mich von der Trauer um meinen Vater ab. Zu Hause wehte ein rauer Wind. Heute versteh ich warum, doch damals als Kind, nicht wirklich.

Glücklicherweise erkrankte ich nur sehr selten. Ausfälle duldete meine Mutter nicht. Weil Krankheiten darauf keine Rücksicht nehmen, ereilte es mich dann auch gleich zwei Mal kurz hintereinander.

Diese Halsschmerzen werde ich nie vergessen. Von jetzt auf gleich hohes Fieber, mit Schüttelfrost. Schlucken war kaum möglich und sämtliche Glieder schmerzten unerträglich. Mir war schlecht und meine Mutter war verzweifelt. Hatte sie sich doch auf meine Hilfe verlassen. Verzweifelt war ich auch, denn der Hautausschlag gefiel mir ganz und gar nicht.

Es war ein Glück, dass mein Gesicht von diesem verschont blieb. Nicht auszudenken, sollte ausgerechnet jetzt der Nachbarsjunge zu Besuch kommen. Der Ausschlag verschwand nach zwei Tagen wieder und meine Hoffnung auf den Besuch des Nachbarjungen gleich mit.

Mutter war so böse über meine Erkrankung, sie verdächtigte mich sogar des Himbeereisdiebstahls, weil meine Zunge so himbeerrot war. Ich hatte wahrlich andere Sorgen als Eis zu lutschen.

Fast eine Woche dauerte der Alptraum an, bis ich endlich im Haushalt wieder mit helfen konnte. Die Schuppen an Händen und Füßen, die ca. drei Wochen später auftraten, zeigte ich meiner Mutter vorsichtshalber nicht.

Einen Monat nach dieser, ich dachte schlimmsten Woche meines Lebens, erwischte es mich abermals. Wiederholt Fieber, wenn auch nicht ganz so hoch. An die schrecklichen Gelenkschmerzen, kombiniert mit rosa Flecken am Körper, erinnere ich mich sehr gut. In diesem Moment beschloss ich nie wieder krank zu werden.

So vergingen die Jahre. Ich lernte meinen Mann kennen und wir bekamen unsere Kinder. Meine Kinder sollten es auf jeden Fall einmal besser haben als ich. Die Familie war Mittelpunkt meines Lebens. Ich unterstützte meinen Mann wo ich konnte, nicht nur als er sich mit seinen Freunden zum Stammtisch traf. Schließlich schuftete er die ganze Woche. Waren die Kinder krank, dann versorgte ich sie, natürlich auch nachts, denn mein Mann musste ja früh raus.

Termine für Gespräche mit Lehrern, wenn es mal Probleme in der Schule gab, verband ich mit den Einkaufswegen. Gleiches galt für Arzttermine. Alles eine Frage der Organisation.

Dies bedeutete jedoch nicht, dass ich nicht nein sagen konnte. Rief mich meine Freundin an, um mich auf eine Tasse Kaffee einzuladen, da sagte ich schon öfters mal: „Nein, ich putz lieber fertig."

Ab und an mal eine Zigarettenpause gehörte zu meinem Alltag. Verbrachten die Kinder Zeit auf dem Spielplatz, vernaschte ich den Restkuchen vom Vortag. Fünf Minuten Pause für etwas Leckeres aus dem Kühlschrank gehörten zur Erhaltung meines Wohlbefindens dazu. Die paar Pfunde zu viel auf meinen Hüften störten mich nicht.

Mein Mann war sowieso kaum zu Hause, er machte ja für uns Karriere. Und weil meine Kinder wuchsen, irgendwann auch am Abend ausgingen, begann ich, es mir abends mit einem Glas Wein gemütlich zu machen. So ein Gläschen Wein entspannte mich total. So vergaß ich die Momente, in denen mir die Luft weg blieb.

Die immer wieder kehrenden, meist nach einem üppigen Essen, auftretenden Herzschmerzen konnte ich prima verdrängen. Ich tat ja etwas für mich. Meine geschwollenen Beine waren am Morgen wieder schlank, dafür suchte ich gerne auch nachts 2 bis 3 Mal das WC auf. Der Husten war lästig, ich stellte mein Kopfende vom Bett hoch, schnappte mir noch ein Kissen und fand Erleichterung.

Weil ich den Ärzten nicht traute, suchte ich eines Tages einen Heilpraktiker auf. Anlass war ein beim Husten auftretender rostbrauner Auswurf, der mir seltsam vorkam. Obwohl ich mit meinen roten Bäckchen doch so gesund aussah. Meine blauen Lippen schminkte ich einfach über.

Nun ja, der Heilpraktiker nahm sich wirklich Zeit. Jedes Mal wenn ich gehen wollte, stellte er mir eine weitere Frage. Etwa: ob ich Stress hätte, denn mein Blutdruck sei zu hoch, der Puls zu schnell. Ob ich Atembeschwerden hätte, Herzschmerzen? Dreist fand ich die Anspielung auf mein Gewicht. Er meinte weiter, dass ich mit dem Rauchen aufhören solle, auch zu viel Wein sei ungesund. Was war gegen ein Fläsch- äh Gläschen Wein am Abend einzuwenden, gönnte ich mir doch sonst nichts.

Zu guter Letzt blieb mir der Arztbesuch doch nicht erspart. Er erzählte etwas von Angina pectoris und sprach mich auf meine roten Wangen und blauen Lippen an (vergaß vor lauter Aufregung mich zu schminken). Weiter wollte er wissen, ob ich als Kind mal am Rheumatischen Fieber erkrankt war. Kinder und Rheuma, der spinnt doch. Beim Abhören beunruhigte ihn ein Extra-Klick-Ton, auf Grund einer einrastenden Mitralklappe nach dem II. Ton, welcher der Aortenklappen-Ton sei, für mich war es Arztchinesisch.

Der Herr Doktor empfahl mir, mich mal von oben bis unten durchchecken zu lassen. Hinter einem Schreibtisch sitzend war es ein Leichtes gute Ratschläge zu verteilen. Wer sollte während meiner Abwesenheit meinen Mann versorgen? Das Nitroglyzerin half mir, wenn nötig, relativ schnell wieder durchzuatmen und die Enge in der Brust zu vertreiben. Ich wünschte mir vor allem in Ruhe gelassen zu werden.

Einige Tage nach dem Arztbesuch dauerte die Enge in der Brust länger an als sonst und die Herzschmerzen zeigten sich intensiver. Das Nitrospray half nicht wie gewöhnlich, obwohl ich mehrere Male sprühte.

Ich musste mich ablenken und beschloss einen Spaziergang zu unternehmen. Ein herrliches Winterwetter lud regelrecht dazu ein. Es war zwar kalt, aber die Luft klar und die Sonne lachte vom blauen Himmel. So begab ich mich auf den Weg in Richtung Stadt.

Ich sah bereits die Kirchturmspitze, als mich völlig unvorbereitet und unerwartet ein unbeschreiblich heftiger stechender, bohrender Schmerz, hinter dem Brustbein überraschte. Er war nicht auszuhalten. Ich wünschte mir einen weichen Teppich, stattdessen glitt mein Körper im selben Moment auf den kalten, harten, mit Steinen gepflasterten Boden des Bürgersteiges.

Menschen blieben entsetzt stehen. „Die ist ja ganz blass." In mir tobte Todesangst. Die Schmerzen, unerträglich, strahlten zwischen meine Schulterblätter, Arme, Bauch, Rücken, überall tat es weh. Sollte ich wirklich schon sterben? Mit gerade 55 Jahren fühlte ich mich zu jung dem Tod das Jawort zu geben.

Aus weiter Ferne erklang ein näher kommendes Tatütata. Viele Menschen standen, die meisten hilflos, um mich herum. Wie durch einen Schleier hörte ich eine Frau sagen: „Lasst doch mal das Kind vor."

Mir blieb die Luft weg. Das Tatütata näherte sich, wurde irgendwie auch gleichzeitig leiser. Dann konnte ich alles überschauen. Wie rührend sich alle um mich bemühten. Eine mir ganz neue Erfahrung. Diese Hektik.

„Venöser Zugang, die geht in den Schock, Sauerstoff."

Die Sanitäter hatten meinen leblosen Körper inzwischen in den Rettungswagen befördert. Ich sah wie sie mich beatmeten, sie führten eine Herzmassage durch usw. Das war es dann ja wohl, ich begriff nicht gleich, aber ich war, bzw. bin wirklich tot.

Es berührt mich sehr und ich kann es kaum glauben, wie zahlreich sie zu meiner Beerdigung erschienen sind. Noch nie vorher fühlte ich mich so frei wie jetzt. Meine Familie ist traurig, das darf sie sein. Wenn der Schmerz nachlässt werden sie begreifen, dass sie nun die Gelegenheit haben ihr Leben selbst in die Hand zu nehmen. Meine Kinder sind nicht mehr klein, sicher werden sie es besser haben als ich. Mein Mann ist noch knackig und frisch, ich habe ihn immer gut gepflegt, da wird er sicher eine neue Flamme finden. Ich werde ihnen weiterhin zur Seite stehen, jetzt als Engel.

Meine Todesursache: Herzinfarkt. Eine Mitralklappen-stenose als Folge des Rheumatischen Fiebers, daraus resultierend eine Hypertrophie des linken Atriums und rechten Ventrikels (Rückstau) meines Herzens und ein Lungenödem. Weiterhin eine Arteriosklerose in den Koronar- sowie anderen arteriellen Gefäßen vermutlich auf Grund der Hypertonie, durchs Rauchen, Übergewicht, einer ungesunden Ernährung, Stress und zu wenig Bewegung.

Ne, ne, ne, was hab ich bloß?

Ausflug dreier Freunde in ein Demenz-Kaufhaus

„Hallo Parki, kommst du mit shoppen?"

„Was ist denn shoppen?"

Vasku antwortet: „Habe ich vergessen, macht aber voll Spaß."

Parki denkt: „Alzo schreibt doch immer alles auf."

Überraschend kommt Alzo um die Ecke. „Hallo Alzo, du kommst gerade recht, hast du notiert, was shoppen ist?"

„Nein, ich will jetzt einkaufen gehen, wollt ihr mit?"

Vasku fragt: „Wohin?"

Parki: „Super Idee, ich möchte aber auch Kaffee trinken gehen, in einem großen Kaufhaus."

„Gerne, wenn ich ihn für dich trinken darf", kommentiert Vasku spontan. „Du verschüttest ihn doch wieder. Wäre schade um den Kakao."

Alzo mit fragendem Gesichtsausdruck: „Wer bin ich und wer seid ihr, muss ich euch kennen?"

Alle durcheinander: „Ja bist du nicht Alzo? Nein, du bist Vasku. Und wer bin dann ich? Keine Ahnung, ich heiße jedenfalls Parki, und bin der, der so gerne Kaffee trinkt – oder verschüttet?"

„Egal jetzt!" unterbricht Vasku mit lauter Stimme das Durcheinander, „Ich denke wir wollen uns jetzt kloppen!"

„Ach so!?"

„Nein, wir wollen shoppen!"

„Was wollen wir?"

„Wer seid ihr?"

Es dauert eine Weile bis die Drei sich endlich einigen und klar wird, dass ihr gemeinsames Ziel das überhaupt größte Demenzkaufhaus in der Gegend sein soll.

Von speziellen Abteilungen wie z.B. für die Alzheimer Demenz, die vaskuläre Demenz oder die Demenz durch Parkinson, bietet dieses Kaufhaus eine weitere große Auswahl für Pseudodemenzen, Symptome, Ursachen und Fortbildungsangebote für Demenzkranke, für die, die es werden wollen und alle an Demenz Interessierte.

„Sind wir denn nun am Ziel? Ich habe keine Lust mehr umher zu irren."

„Mir schmerzen die Füße."

„Und ich brauch erst mal einen guten Kaffee!"

„Ja klar, zum Verschütten."

Für die Wegstrecke von der Bushaltestelle bis zum Kaufhaus, die normalerweise in 10 Minuten abgelaufen ist, brauchen die Drei ca. eineinhalb Stunden. Endlich betreten die drei Freunde das Kaufhaus. Beeindruckt vom regen Treiben das hier herrscht, sind die schmerzenden Füße sofort vergessen.

Menschen eilen umher, fragen, suchen, unterhalten sich. Sie lesen Plakate mit Informationen oder Werbung. Einige stehen unsicher, mit fragendem Gesichtsausdruck da. Hier und dort wird sich etwas aggressiver, verbal aber auch handgreiflich ausgetauscht. Es gibt Rolltreppen und Fahrstühle, um in die unterschiedlichen Abteilungen zu gelangen.

Aus Lautsprechern erklingt sich ständig wiederholende Musik, die hin und wieder von Suchmeldungen unterbrochen wird wie z.B.: „Kann mir jemand sagen, wer ich bin?" oder: „Herr X sucht seine Identität, wer kann ihm helfen?" – „Wer weiß wo ich wohne?" – „Kann mir jemand sagen, was ich hier will?" oder: „Frau Y hat sich verloren", usw.

Unsere drei Freunde verweilen in der Eingangshalle, als Alzo unsicher in die Runde fragt: „Seid ihr euch sicher, dass wir hier richtig sind?"

Überrascht reagiert Vasku mit: „Wer bist du denn?" und: „Ach, ich bin ganz tüttelig. Ich schau mich mal ein bisschen um. Möchte jemand von euch mit?"

Leicht gereizt antwortet Parki: „Ich habe meinen Rigor vergessen, ohne diese Steifigkeit im Muskel bin ich aufgeschmissen. Zum Glück habe ich meinen Tremor dabei, um ein paar Münzen zu zählen."

„Geh doch in die Parkinsonabteilung, vielleicht gibt es dort Klappmesserphänomene im Angebot."

„Super Vorschlag, Alzo, das mach ich."

„Ich geh denn mal in…... wo wollte ich hin?" Alzo zieht einen Zettel aus seiner Tasche und hält ihm Parki unter die Nase.

„Da steht s drauf. Treffen wir uns später im Cafe zum…?"

„Was ist nochmal Kaffee?"

„Ist doch egal, Hauptsache, wir finden was wir brauchen und treffen uns wieder", kommt die Antwort von Vasku.

„Wir brauchen was?"

Es dauert mehrere Minuten bis sie endlich einig sind. Und weil die momentanen Interessen der Drei so individuell sind, macht sich vorerst jeder alleine auf den Weg ins Abenteuer Einkaufen.

Wiederholt tönt es mit verlockenden Angeboten aus den Lautsprechern: „Besuchen sie auch unsere Abteilung im dritten Stock. Dort halten wir viele Alternativen für sie bereit. Sie sind unschlüssig, können sich nicht entscheiden? Probieren sie unsere Pseudodemenzen. Heute so günstig wie nie: die reaktive Depression."

Auf dem Weg zu den Risikofaktoren lenkt ein großes Werbeplakat die Aufmerksamkeit auf sich. Vasku bleibt abrupt stehen und liest den mit großen Buchstaben angepriesenen Text:

SIE MÖCHTEN SICH FORTBILDEN?
DANN SIND SIE BEI UNS GENAU RICHTIG!

Neben vielen interessanten Risikofaktoren, bieten wir Seminare mit unterschiedlichen Möglichkeiten, ganz nach Wunsch, wenig, viel, oder sogar alles zu vergessen.

„Wow!" Vasku ist beeindruckt, denkt sich: „Das klingt gut. Ich wollte mich schon immer weiterentwickeln, hatte es nur vergessen. Da frag ich doch gleich mal nach. Wo muss ich denn da hin?"

Selbstsicher geht Vasku auf einen Angestellten zu und spricht ihn an: „Tschuldigung, können sie mir vielleicht sagen, was ich von ihnen will?"

Die Antwort: „Ja klar, sie möchten sich weiterbilden. Dort rechts um die Ecke befindet sich die Info."

„Danke, danke!" erwidert Vasku und denkt: „Die sind ja echt nett hier." Zielstrebig schreitet sie in Richtung Info. Dort gibt es jede Menge Flyer und Wartezeiten.

Zum Zeitvertreib liest sie in einem der Flyer:

> *Wir bieten unterschiedliche Schweregrade einer Demenz. Von der leichten, mittelschweren bis hin zur schweren Demenz.*

> *Wir helfen ihnen herauszufinden, wo sie gerade stehen.*

> *Unterschiedliche Ziele und Höhepunkte, z.B. der Apoplexie oder anderer Infarkte, bieten ein abwechslungsreiches Programm für alle Interessierte der vaskulären Demenz.*

> *Die absolute Endpersonifizierung bei Alzheimer, ja bis hin zur Hirnauflösung, lässt keine Langeweile aufkommen.*

> *Die Akinesie bei Parkinson ist jedes Mal ein ganz individuelles Erlebnis.*

> *Viele Anregungen bieten wir durch ein großes Sortiment von Risikofaktoren, ganz nach ihren Wünschen.*

Unsichere können sich an den unzähligen
Pseudodemenzen ausprobieren.

Vasku steckt das Blatt ein. Weil sie vergessen hat, warum
sie dort steht und keine Lust hat länger zu warten, geht sie
gedankenverloren in die Richtung der Abteilung mit den
Symptomen.

Währenddessen hat Alzo sich verirrt: „Wo bin ich denn hier
gelandet?" Wo er hinschaut, Pseudodemenzen. „Ich bin
ganz wirr, was ist denn eine reaktive Depression?"

Hinter einem Sortiment mit Medikamenten steht ein
Verkäufer und spricht in ein Mikrophon: „Kaufen sie,
kaufen sie, es ist für jeden etwas dabei, um in den Genuss
der Vergesslichkeit zu kommen. Heute im Sonderangebot:
viele Psychopharmaka, unter anderem mit
Gewichtszunahme oder Zittern, als kostenloses
Zusatzerlebnis."

Auch Drogen mit Psychosen als Extrabonus verkauft er
erfolgreich an den einen oder anderen Neugierigen.

„Hier bin ich wohl ganz falsch", denkt Alzo während er an
Regalen mit Amnesie, Comotio cerebri, Contusio und Hypothyreose vorbei geht. Unsicheren Ganges eiert er durch die
Abteilung mit Marken-Multiinfarkten. Für den durchschnitt-
lichen Dementen unbezahlbare Hirnblutungen verursacht
durch kleine Traumata. Auch Alkoholismus wird schmack-
haft angepriesen.

Eingelullt in seiner Wut nimmt Alzo von alledem nichts wahr und schimpft vor sich hin: „Das ist doch – Betrug ist das, diese Scheinwelt! Ich geh jetzt – ja wo hin denn nur?" Er steuert entschieden auf den Fahrstuhl zu, betritt diesen und stellt fest, dass er sich nicht erinnert, wie der dieser zu bedienen ist. Fluchend verlässt er den Fahrstuhl wieder und stolpert zur Treppe.

Da erblickt er Parki. Parki steht Münzen zählend in einer Ecke und lebt seinen Tremor aus. Erfreut und jetzt guter Laune ruft Alzo ihm zu: „Hey Parki, was machst du da?"

Fast erschrocken glotzt Parki den Alzo mit seinem neu erworbenen Salbengesicht an. Seine Arme hängen leicht gebeugt, ohne zu schwingen am Körper herunter.

Nach überwundener Anlaufschwierigkeit, mit leicht gebeugten Knien und schlurfendem Gang, bewegt Parki sich auf Alzo zu. Erschrocken macht Alzo einen großen Schritt zur Seite, denn Parki hat offensichtlich ein Problem stehen zu bleiben. Nach drei Meter Abstand gelingt es ihm dann doch. Mit abgehackten Bewegungen, die an ein Zahnrad denken lassen, wendet er sich zu Alzo. Alzo ist fasziniert. Noch bevor er den Vergleich mit einem Roboter fertig denkt, liegt Parki – peng – ohne sich abzustützen, bereits mit dem Gesicht auf dem Boden.

Alzo schaut fassungslos auf ihn und traut seinen Augen kaum. Speichel fließt aus dem Mund seines Freundes und er schwitzt was das Zeug hält. Geistig verlangsamt überlegt dieser: „Führe ich jetzt meine Stimmungsschwankungen bis hin zur Depression, die defekte, funktionslose Temperaturregulierung, die Akinesie oder gar den Tod auch noch vor? – Nein!" beschließt er und steht langsam mit Hilfe neugieriger Glotzer und großer Anstrengung wieder auf.

„Parki, ich bin beeindruckt, so ein geiles Outfit. Es steht dir ausgesprochen gut."

„Ich habe noch mehr eingekauft." Stolz lässt Parki Alzo einen Blick in seine Einkaufstasche werfen. Dabei fällt ein Zettel zu Boden, deren Notizen mit großen Buchstaben beginnen und immer kleiner werden. Im ersten Moment denkt Alzo es ist sein Merkzettel, den er schon überall gesucht hat.

„Was ist das?" tönt eine Stimme von hinten.

„Keine Ahnung, vergessen", antworten Alzo und Parki fast wie aus einem Munde.

Vasku schaut den Beiden über die Schulter und fragt: „Kommt ihr mit zu den Risikofaktoren?"

„Ich möchte aber noch zu den Symptomen der Alzheimer Demenz."

„Da komme ich gerne mit", kommt spontan die Antwort von Vasku, die vergessen hat, dass sie bereits in der Abteilung Symptome war. Sie wendet sich zu Parki und fragt: „Bist du auch dabei?"

„Nee, nee, lass mal, ich hab alles, geh jetzt meinen Kaffee verschütten und warte auf euch, wenn ich ihn gefunden habe."

„Schade", reagiert Vasku enttäuscht. „Aber wenn du meinst, denn bis später. Dann erzähl ich euch – mmh, wenn ich doch bloß nicht so tüttelig wäre – ach ja – von der Fortbildung."

Alzo zieht Vasku am Ärmel: „Jetzt komm schon, wo müssen wir denn hin?"

„Was wollen wir tun?" Die beiden stolpern in Richtung Rolltreppe.

Eine große Fläche mit Regalen und Ständern, gut sortiert nach Preisen, Marken und Arten der unterschiedlichsten Risikofaktoren erwarten Alzo und Vasku im 2. Stockwerk des Kaufhauses.

Sie erblicken eine stets größer werdende Menschentraube, die sich um eine Verkäuferin bildet. Neugierig steuern auch Vasku und Alzo auf sie zu. „Alles muss raus, nie wieder so günstig wie heute", kommentiert die Frau mit überzeugender Stimme. „Was sie hier erwerben macht ihren Alltag erträglicher und sie werden mit großer Wahrscheinlichkeit ihrer Gesundheit schaden. Der Weg zur Vergesslichkeit und andere unangenehme körperliche Begleiterscheinungen sind so gut wie sicher."

Ihre Sätze werden durch wiederholtes, tiefes Inhalieren an einer Zigarette und das Verteilen solcher unterbrochen. Alkohol mit unterschiedlichen Prozentangaben wird den Menschen gereicht. „Es ist für jeden Geldbeutel etwas dabei", verspricht sie hustend. „Denn, egal wie hochprozentig, Hauptsache sie nehmen den Alkohol regelmäßig zu sich. Im günstigsten Fall erhöhen sie die Menge mit der Zeit des Konsums. Gleiches gilt selbstverständlich für den Genuss von Nikotin. Völlig unbemerkt gelangen sie in die Abhängigkeit und somit zu den Folgeschäden, zu denen die Demenz gehört."

Unsere Freunde hören einen Moment zu und schlendern weiter. Bereits etwas müde schauen sie auf die sehr ansprechend ausgelegten Waren. „Schade dass alles so teuer ist. Wer Geld hat, kann sich gleich die Arteriosklerose oder die Hypertonie leisten. Ja, der erspart sich jahrelanges ungesundes essen. Oder hier, eine Leberzirrhose, wer kann sich das leisten?"

„Dafür muss ´ne alte Frau lange saufen."

„So eine Multiple Sklerose ist ja eher was für Abenteurer. Du weißt nie, wann der nächste Schub kommt und übst dich in Geduld, das ist nichts für mich. Sehr verlockend die kranke Niere."

„Ja stimmt und du hast mit etwas Glück einen schönen Juckreiz dabei. Die Chance gibt es bei der kranken Leber aber auch."

„Komm lass uns zu Parki gehen", bittet Vasku. „Mir schmerzen die Füße."

„Wer um alles auf der Welt ist Parki?" Alzo reagiert gereizt.

„Dem Himmel sei Dank", denkt Vasku, als sie die Symptome der Alzheimer Demenz erblickt. So gelingt es ihr, den Freund abzulenken und so der aufkommenden schlechten Laune entgegen zu wirken.

„Oh schau mal, hier gibt es Notizblöcke als Werbegeschenk, da kann ich Verabredungen oder vergessene Erledigungen aufschreiben und niemand merkt, dass ich Alzheimer habe. Es soll ja eine Überraschung sein." Er greift ungeniert zu.

„Guck mal Alzo, das ist doch auch was für dich, vielleicht zum Geburtstag oder so."

„Was, wo? – Ich hab Geburtstag?"

„Nein, ich glaube nicht, aber irgendwann bestimmt." Sie zeigt ihrem Freund eine Orientierungsstörung.

„Oh, ist das irre", Alzo kommt ins Schwärmen. „Hast du die frühe Persönlichkeitsstörung gesehen, mit Wutausbrüchen und Feindseligkeiten Anderen gegenüber?"

„Das ist ja gruselig", denkt Vasku, während sie die weiteren Symptome der Alzheimer Demenz begutachtet. Erregungs- und Unruhezustände gehören eher zu den harmlosen Artikeln. In der Endstation droht die völlige Verwirrtheit.

Hören ohne zu verstehen, ja sogar Angehörige nicht mehr zu erkennen und sich an Teddys klammern. Das ist ihr zu viel.

Die Harn- und Stuhlinkontinenz bringt etwas Entspannung, denn sie ist ihr gut bekannt und steht auf ihrer Wunschliste. Die vaskuläre Demenz ist ihr angenehmer, weil sie besser zu beeinflussen ist, ja sogar gestoppt werden kann.

Inzwischen hat sich Alzo eine Orientierungsstörung gegönnt und probiert sie an Ort und Stelle aus. „Wo bin ich, wo will ich hin, was ist heute für ein Tag, was muss ich tun?"

Vasku nutzt die Gelegenheit, packt ihren Freund am Ärmel und zieht ihn in Richtung Cafe. Völlig zusammenhangslos erwähnt sie: „Alzo, dir ist klar, dass die Alzheimer Demenz eine Ausschlussdiagnose ist?" Dieser ist mit seinem Einkauf beschäftigt und hört gar nicht zu.

Im Cafe angekommen lässt Vasku sich erschöpft auf einen Stuhl fallen.

„Ich dachte schon ihr kommt gar nicht mehr, ich habe bereits drei Kaffee und einen Saft verschüttet", begrüßt Parki die Beiden.

„Man bin ich müde. Ich brauch jetzt auch einen Kaffee", stöhnt Vasku und bestellt für Alzo mit, der vergessen hat, was er trinken möchte.

So sitzen die drei Freunde noch eine Weile zusammen und vergessen, tief versunken im Gespräch, die Zeit. Erst als die

Lichter ausgehen und die Bedienung nachfragt „Was machen sie hier und was ist jetzt zu tun?" wird ihnen klar, dass sie gar nicht zu Hause sind. Mit Gangunsicherheit und vielen Fragen machen sie sich auf den Heimweg. Dass es ein aufregender vergesslicher Tag war, darüber sind sie sich ausnahmsweise mal einig. Doch wer weiß das schon?

Ausflug dreier Freunde in ein Demenz-Kaufhaus

Ne, ne, ne, was hab ich bloß?

Alle Jahre wieder

Und nun ist es wieder so weit, Weihnachten, das Fest der Liebe und des guten Essens, steht vor der Tür und die ganze Familie trifft sich zum Festschmaus.

Dieses Jahr geht's zur Schwester von der Mutter meiner Tante. Die macht wohl die beste Weihnachtsgans weit und breit. Zumindest wird es so erzählt, hoffentlich stimmt das auch. Und tut das wirklich Not, immer so pompös zu essen, nur weil das heilige Fest stattfindet? Meistens endet es mit Gejammer und Bauchweh. Wenn ich an den Festschmaus vom letzten Jahr denke, damals bereitete Gertrud die wohl angeblich beste Gans, spüre ich noch heute Unbehagen in der Magengegend.

Beginnt der Weihnachtsstress doch bereits Tage, was sag ich, Wochen vor dem eigentlichen Fest. Es müssen Kekse gebacken werden. Die Kinder wollen Kekse essen, wird behauptet, doch alle wollen Kekse essen, nun ja, wat mutt dat mutt. So einfach, wie es sich anhört, ist es allerdings nicht. Es muss Rücksicht genommen werden, die voluminöse Oma väterlicherseits leidet an Diabetes mellitus Typ 2. Was sag ich, alle anderen leiden, die Einzige die nicht leidet ist Oma. Regelmäßig futtert sie die ‚falsche' Keksdose leer, um anschließend zu behaupten, dass es ein Versehen war. Für den Rest der Familie bleiben die faden Diätkekse, igitt! Die sich anschließenden Wetten

sind allerdings sehr unterhaltsam: Fällt Oma ins Koma?
Reicht die Tablette oder gibt's 'ne Extradosis Insulin?
Letztes Jahr gewann der kleine Erwin von Tante Olga. Oma
fiel ins Koma. Zur Belohnung durfte er sich etwas wünschen.

Erwin liebte roten Saft. Gierig griff er sich ein gefülltes Glas
mit roter Flüssigkeit. Er war so schnell. Bevor seine Mutter
reagieren konnte, war das Glas mit dem Rotwein in einem
Zuge geleert. Ne, war die Aufregung groß. Es dauerte nicht
lange, bis der Junge zu jammern begann: „Mir ist so
schlecht, Mama, Mama, mir ist so schwindelig, alles dreht
sich." Jammer, jaul und heul. Zur Erleichterung wurde
Erwins Leiden durch eine spontane Magenentleerung abrupt
beendet. Schade um die guten Kekse. Ein Fünfjähriger sollte
eben keinen Rotwein trinken, schon gar nicht auf ex, auch
nicht aus Versehen. Seit diesem Vorfall trank er nie mehr
roten Saft.

Doch zurück zum eigentlichen Festschmaus. Wie heißt es so
schön: „Wird`s im Bauche dir ganz warm, ist`s die
Weihnachtsgans im Darm."

Eine Suppe als Vorspeise, bereitet aus leckerem Gänsefett
mit Sahne verfeinert, dazu Knödel mit Rotkohl und zum
Nachtisch Vanilleeis mit heißen Himbeeren und Sahne. Es
wurde gestopft und geschmatzt. Fett lief den gierigen Essern
aus den Mundwinkeln und am Kinn herunter. Tante Olga
verschluckte sich an einem Gänsebein und wäre fast erstickt.
Zwischendurch wurde sich zugeprostet mit

hochprozentigem Korn. „Einer geht noch, aber dann ist Schluss!" Natürlich um die Verdauung anzukurbeln. Der Einzige, der keinen Appetit hatte, bis die Nachspeise aufgetischt wurde, war klein Erwin.

Ganz anders die Tochter von dem Bruder meiner angeheirateten Cousine. Was für Mengen die verdrückte. Mindestens drei große Portionen. Zwischen den gefüllten Tellern verschwand sie kurz, um dann weiter zu stopfen.

Ihre Mutter, eine etwas beleibte Frau, saß neben ihrer Tochter und war am Dauerquatschen. So was habe ich noch nie gesehen. Der Mund randvoll, kauen und sprechen gleichzeitig: „Ich bin ja so froh, dass meine Tochter ihre Essstörung überwunden hat. Jedes Mal war der Kühlschrank leer gefuttert, Otto und ich haben uns einen zweiten Kühlschrank gegönnt, denn so…"

Ihr Redefluss wurde durch einen lauten, alle Aufmerksamkeit auf sich ziehenden Aufschrei abrupt unterbrochen. Alle Augen schauten auf Opa, der sich mit schmerzverzerrtem Gesicht den rechten Oberbauch hielt.

„Aua!" Seine Schreie erfüllten den Raum. Es war wie auf hoher See. Die Schmerzen kamen in Wellen. Spontan sprang Tante Charlotte auf. Ihr Stuhl kippte nach hinten weg, während die Oma sich fast am angeblichen Diäteis verschluckte. „Oh mein Gott, Opa, was ist los?"

„Das tut so weh", brachte Opa mühsam hervor, aua!"
Schweiß trat ihm auf die Stirn, sein Kreislauf sackte in
den Keller.

Olga krähte: „Das ist ja fast wie bei meinem Herbert vor
drei Jahren, ach nee hicks, der hatte ja Gürtelschmerzen und
spuckte Löffel." Sie litt sprachlich bereits unter den Folgen
des Alkohols.

In dem Moment erbrach Opa das schöne Essen.

Oma gefiel das überhaupt nicht. „Die leckere
Gans!" jammerte sie. „Tut das Not, Gertrud hat sich solche
Mühe gemacht und nu das hier."

Klein Erwin meldete sich und schrie: „Mama, Mama, mein
Bauch." Das Dessert landete auf dem Teppich. Das letzte
Schälchen war wohl schlecht.

Plötzlich ertönte aus dem Hinterhalt ein Lallen: „Was`n hier
los?" Es war Jörg, der halbwüchsige Sohn von irgendjemand
aus dieser Verwandtschaft. „Gibt`s noch was zu essen?" Er
kam immer zu spät oder gar nicht. „Bin gleich wieder da",
lallte er weiter. „Muss mal wo hin, mir ist so schlecht, hatte
wohl 'ne Tüte zu viel."

Doch das Klo war besetzt, Bulimie-Luise, von wegen
Essstörung überwunden, füllte so eben die Kloschüssel.

„Ach Opa, das ist bestimmt wieder eine deiner
Gallenkoliken. Ich hol dir mal 'ne Wärmflasche zur

Entspannung, dann kannst du sicher den Nachtisch weiter essen."

Onkel Herbert war da ganz andrer Ansicht. Er dachte an seine, als Kind durchgemachte, Appendizitis. „Ich hab ja auch mal solches Bauchweh gehabt und schlecht war mir, wenn ich da noch dran zurück denk wird mir grad wieder übel." Er drehte sich zur Seite und es brach aus ihm heraus. Kein Wunder, nach 'ner ganzen Buddel Korn.

Karla saß mittlerweile in einer Ecke und ließ sich von ihrem Freund trösten. Ich hörte nur: „Um mich kümmert sich niemand, dabei hab ich auch Bauchweh, heul, und ich glaub auch Durchfall."

Daraufhin ihr Freund: „Wie wär`s wenn du den Tampon wechselst?"

Oma und Tante Berta waren mitten im Streit: „Was willst du damit sagen, Lebensmittelvergiftung? Meine Gertrud verwendet nur gute Bio-Lebensmittel."

„Deinem Mann geht's sicher nicht gut, weil er zu viel säuft…"

Irgendwo wurden dem kleinen Erwin Windeln angezogen und gerätzelt, ob es sich nicht vielleicht doch um eine gastrointestinale Infektionskrankheit handelt. Klaus aus dem Kindi hatte es ja auch erwischt. Nur keine Salmonellen…

Alles keifte, kreischte durcheinander. Gertrud zu Hans: „Denk nur an die Mathilde vor zwei Jahren, auch sie wurde von Bauchschmerzen und Übelkeit heimgesucht. Nur weil ihr Toni so überängstlich war und den Krankenwagen rief, wurde sie gerettet. Mit einem Herzinfarkt ist schließlich nicht zu spaßen."

„Ach ja der Toni, der kotzte sich ja kurze Zeit später ebenfalls den Magen aus dem Leib, zu lange in der Sonne gelegen, während seine Mathilde im Krankenhaus lag."

Inzwischen stank es unerträglich. Ich traute meinen Augen nicht, als ich zu Opa sah. Er lag auf dem Sofa. Umgeben von seinen Enkelinnen wieder ein Lächeln auf den Lippen, ließ er sich verwöhnen und mit dem Nachtisch füttern.

Das war der Moment für mich zu gehen. Ich machte mich aus dem Staub, bevor meine Migräne sich entfalten konnte. Ich hatte keine Lust mehr. Schon gar nicht auf Migräne mit Übelkeit und Erbrechen. So machte ich mich, unbemerkt, eilig aus dem Staub.

Tage später, ich verließ das Haus einige Zeit nicht, erfuhr ich, dass für Tante Charlotte noch ein Krankenwagen gerufen wurde. Mehr des lieben Friedens willen, schließlich war ja Weihnachten. Sie hatte Oberbauchbeschwerden und große Angst vor einem Herzinfarkt. Zur Erleichterung aller war es nur das Roemheld-Syndrom. So wurde nebenbei das Rätsel um die verschwundenen Reste der, ach so leckeren Weihnachtsgans, ganz nebenbei mit aufgedeckt.

Nun ist es wieder so weit, Weihnachten steht vor der Tür. Vielleicht lasse ich sie geschlossen. Denn Weihnachtsessen gibt es alle Jahre wieder, mir ist jetzt schon schlecht.

Ne, ne, ne, was hab ich bloß?

Kommissar Heilhaha und der Tote in der Küche

„Wer hat den Toten gefunden?" fragte Kommissar Heilhaha seinen bereits anwesenden Assistenten, als er die Küche betrat.

„Die Frau." Corona zeigte auf eine weibliche Person, deren Augen vom heulen stark gerötet waren. „Es ist die Frau des Verstorbenen." Widerwillig wurde ihm klar, dass er sie gleich befragen durfte.

„Ich werde mich nie daran gewöhnen, Angehörige zu verhören." Noch bevor er zu Ende denken konnte, nahm er aus dem Augenwinkel wahr, wie eine Tüte Abführtee versuchte, sich hinter einer Kaffeedose zu verstecken.

Die Spurensicherung befand sich bereits am Tatort. „Vorsicht, nichts anfassen", ermahnte einer der Männer den Kommissar.

„Ja ja, wo ist der Tote, und ist der Doc schon da?" Heilhaha wirkte gereizt. Beinahe stolperte er über den fetten Fleisch-klops, der sich, umgeben von Zwiebeln, Klößen und Scherben, auf dem Küchenboden verteilte. Mit finsteren Fettaugen starrte er dem Kommissar hinterher. Dieser ignorierte die fettige Masse. „Corona wird alle Verdächtigen und Zeugen aufs Präsidium laden, damit sie ihre Aussagen

95

machen können", dachte Heilhaha und entschuldigte so sein Verhalten sich selbst gegenüber.

Endlich erreichte er die Leiche. Zusammengerollt, die Arme über dem Bauch verschränkt, lag diese, mit weit geöffneten, verdrehten Augen da. Es stank erbärmlich nach Erbrochenem. „Hey Doc, kannst du schon etwas zur Todesursache sagen, ist er erstickt?" Heilhaha atmete flach, in der Hoffnung das Eindringen des Gestanks in seine Nase zu verhindern.

Der Gerichtsmediziner fühlte sich gestört: „Nein, die Atemwege liegen frei. Ich muss weitere Untersuchungen durchführen, um Genaueres sagen zu können. Der Tod kam wahrscheinlich plötzlich. So wie ich weitere Ergebnisse habe, erfährst du sie selbstverständlich als Erster." Noch während Dr. Schnipp sprach, wandte er sich wieder dem Toten zu.

Im selben Moment drehte Kommissar Heilhaha sich abrupt zur Seite, rauschte an seinem Assistenten vorbei und bewegte sich mit großen schnellen Schritten dem Ausgang zu: „Ich muss unbedingt an die frische Luft, sonst kotze ich gleich", schoss es ihm durch den Kopf. Vor der Tür stand der Leichenwagen.

Überrascht schaute Corona auf. Er kannte seinen Chef gut, überlegte kurz und folgte ihm hinaus in die Kälte. Schließlich wollte er seine Neuigkeiten und Beobachtungen los werden. „Hallo Chef. Die Frau ist so durcheinander, ich werde sie erneut aufsuchen müssen. Die Tüte Abführtee, den fetten Braten, eben alle Anwesenden habe ich aufs Präsidium bestellt." Es sprudelte nur so aus ihm heraus.

Der Kommissar stand gedankenverloren in der Kälte und atmete die frische Luft: „Warum steht hier ein Leichen- und kein Krankenwagen?" Fragend schaute er seinem Assistenten in die Augen. „Irgendetwas ist hier komisch. Kommst du mit, einen Kaffee trinken, dann reden wir weiter. Was hat die Frau ausgesagt?" Er wandte sich zum Gehen.

Corona spürte eine leichte Wut in sich aufsteigen. Ausgebremst in seinem Elan stolperte er seinem Chef schweigend hinterher.

Heilhaha füllte zum dritten Mal seine Tasse mit Kaffee, während Corona sein zweites Stück Kuchen bestellte. Der Kommissar bevorzugte Cafés, wenn es darum ging, über einen Fall zu sprechen. Die Atmosphäre erwies sich als angenehmer und die Stühle waren weitaus bequemer, als die im Präsidium.

„Und der Sessel", nahm Corona den Faden wieder auf. „Der Sessel, es war der Lieblingssessel des Opfers, hätte ebenfalls ein Motiv. Nicht nur, dass der Sessel zunehmend unter-drückt wurde durch ein ständig wachsendes Übergewicht, welches mehr und mehr auf ihm lastete. Er litt, so wie er mir mitteilte, ebenfalls unter dem daraus resultierenden Sauer-stoffmangel. Insbesondere die Blähungen des Opfers machten ihm zu schaffen. Er behauptet, dass er zunehmend mit schlechter Luft versorgt wurde."

Eifrig unterhielten sie sich über Aussagen und Beobachtungen. Ihnen entging kaum etwas. Die Zusammenarbeit der vielen ballastarmen Lebensmittel, die Liebe zwischen Weizenprodukte und Abführmittel, die Eifersucht des fetten Bratens auf den Abführtee. Auch die Knödel gaben durchaus wichtige Hinweise auf die Ernährungs- und Lebensumstände des Toten.

„Wann ist die Frau vernehmungsfähig?" hakte Heilhaha nach.

„Das wird noch zwei bis drei Tage andauern, sie stehe unter Schock, sagten die Ärzte." Corona trank einen Schluck Kaffee, bevor er fortfuhr: „Sie versicherte allerdings den Notarzt gerufen zu haben. Er musste angeblich zu einem weiteren Notfall, gleich nachdem er den Tod des Mannes feststellte. Die Frau rief anschließend einen Freund an, dieser sei Leichenbestatter. Die Gerichtsmedizin war richtig gefordert, als es darum ging die Leiche zur Untersuchung mitzunehmen."

„Corona, hast du irgendwo ein Obst oder Gemüse gesehen? Und …" Er machte eine Pause.

„Ich möchte zu gerne wissen, ob es Blutspuren gab."

„Wir müssen die Berichte von der Spurensicherung und dem Pathologen abwarten. Vor morgen früh kommt da nichts."

„Wichtig ist herauszufinden, ob der Tote Feinde hatte. Du nimmst dir so schnell es geht die Frau noch mal vor", beschloss der Kommissar, während er der Bedienung zu winkte. Er wollte zahlen.

„Du wirst dich um alle weiteren Zeugen kümmern. Inzwischen besuche ich Dr. Schnipp in der Pathologie. Dann sehen wir weiter. Bis dahin einen schönen Feierabend."

Corona stimmte seinem Chef kopfnickend zu. Was sollte er auch anderes tun? „Dann bis morgen früh", erwiderte er leicht verärgert über die Art seines Chefs, bevor dieser in der Dunkelheit verschwand.

Das Handy klingelte bereits zum dritten Mal als er in seinen Wagen stieg. Corona hatte es gestern im Auto liegengelassen. „Hallo Chef, was gibt`s?" Es war 7 Uhr 30.

„Bist du schon im Büro?" Heilhaha`s Stimme schien sich in Coronas Ohr zu bohren.

„Äh, nein, aber auf dem Weg dorthin. Ist was passiert?"

„Nein", kam prompt die Antwort: „Aber ich möchte, dass du als erstes die Verdauungsorgane befragst. Fang bitte mit dem Magen an. Ich fahre zu Schnipp in die Pathologie. Die Zeugen haben wir auf den Nachmittag bestellt."

Noch bevor Corona antworten konnte, hatte sein Chef aufgelegt. Kopfschüttelnd startete der Assistent den Motor seines Wagens. Er hatte Glück und fand gleich einen Parkplatz vor dem Körpereingang.

Corona quälte sich durch die Enge des Kehlkopfes. Anschließend schmiegte sich ein unversehrter Muskel-schlauch um seinen Körper und schob den Kriminalisten in Richtung Magen. Corona hasste die engen Stellen im Ösophagus. Erleichtert ließ er den Aortenbogen hinter sich. „Jetzt noch das Zwerchfell", murmelte er leise vor sich hin. Wider erwarten erfuhr er keinen Wiederstand im unteren Teil der Speiseröhre. Stattdessen rutschte er durch eine Muskulatur, deren Spannkraft längst Vergangenheit war. Er flutschte nur so durch Kardia. Sie schien ziemlich sauer und gereizt.

Etwas verstört schaute Corona sich um. Bis zu den Knien stand er im Magensaft. Essensreste hingen an der faltigen Magenwand. Schlecht gekauter Speisebrei verteilte sich um seine Waden. Im Fundus über ihm schwebte eine übel riechende Luftblase. Er schaute Richtung Antrum. Dort saß Pylorus, ein erschöpfter Magenpförtner.

„Was verschafft mir die Ehre?" Die tiefe Stimme des Magens ließ ihn aufschrecken.

„Äh, ja, ich bin von der Polizei und ermittel im Fall ..."

„... des akuten Abdomens", vervollständigte der angesäuerte Magen den Satz. „Wird echt Zeit, dass sich hier mal einer von euch blicken lässt. Hier herrschte in den vergangenen Wochen Stress pur. Es gab kaum Auszeiten. Durch die Essgewohnheiten des Verstorbenen wurden die Belegzellen pausenlos aufgefordert Salzsäure zu produzieren. Der ganze Körper schien übersäuert."

Der Redefluss des Magens war nicht mehr zu bremsen. Eifrig, als gäbe es kein Morgen mehr, sprach er von den überlasteten Becherzellen, deren Schleimproduktion nicht mehr ausreichte, die so unentbehrliche Schutzschicht der Magenschleimhaut aufrecht zu erhalten. „Sicher gab es hier und da mal eine undichte Stelle", grummelte es aus der kleinen Kurvatur. „Aber durch die gute Zusammenarbeit hier, gab es nie mehr als eine kleine Blutung." Der Magen knurrte Corona sauer an: „Aber für einen Mord hat die sicher nicht gereicht." Sichtlich müde beendete er seine Ausführungen.

Corona ließ seinen geschulten Blick durch das Hohlorgan schweifen: Keine Anzeichen von Geschwüren, Entzündungen oder gar Karzinome. „War gestern irgendetwas anders als sonst?" wollte er wissen.

„Gestern, gestern mmh", kam der Gaster ins Grübeln. „Ja, ich meine, es war längs nichts Außergewöhnliches, wenn der Speisebrei sämtliche Nischen und Falten füllte. Sogar vom Herzen kamen immer häufiger Beschwerden. Aber gestern, da ging gar nichts mehr. Es wurde mehr und mehr, staute sich vor Kardia und Pylorus. Ich dachte: 'Gleich platze ich, wenn nicht ein Wunder geschieht.' Es war ein großes Glücksgefühl der Erleichterung, als es dann zum Erbrechen kam."

„Interessant!" Corona hob seinen Blick.

„Der ganze Verdauungstrakt war unzufrieden in den vergangenen Wochen. Fragen sie doch mal im Duodenum nach." Der Magen zeigte in Richtung Antrum, zum Pylorus.

„Genau das werde ich tun." Der Kriminalist bedankte sich beim Magen für die Informationen. Salzsäure schwappte um seine Knie, als er auf den Pylorus zusteuerte.

Währenddessen außerhalb des Körpers. Wiederwillig griff der Kommissar sich eine Klammer aus dem Korb, der im Eingang der Pathologie stand. In großen Buchstaben war zu lesen: „Für empfindliche Nasen." Er wusste sehr wohl, dass dies eigens für ihn gedacht war und gönnte seinem Freund den Spaß.

Dr. Schnipp zog gerade an einem Stück Dünndarm. „Und, kannst du heute mehr sagen?" näselte Heilhaha in den Raum.

„Tja, die Verdauungsorgane sehen sehr mitgenommen aus. Tumore konnte ich bisher keine finden. Schau mal hier." Er hielt seinem Freund ein Stück Innerei unter die Nase: „Die Blutversorgung war nicht die Beste. Siehst du die Nekrose? Und Fett, überall Fett, ich komme kaum durch."

„Wie konnte es so weit kommen?" Heilhaha schüttelte verständnislos den Kopf.

„Das kann ich noch nicht genau sagen. Aber so viel ist sicher, beteiligt sind hier innere so wie äußere Faktoren."

„Du meinst, wir haben es hier mit mehreren Tätern zu tun?"

„Durchaus möglich, aber das ist dein Job, das heraus zu finden. Ich vermute die Todesursache im Darm. Alles spricht für ein akutes Geschehen. Wenn du mich jetzt weiter arbeiten lässt, dann …"

„Hab verstanden, nur noch eine Frage, hast du Blutspuren gefunden?"

„Nein, bis her nicht, auch nicht im Erbrochenen."

Mürrisch verabschiedete Heilhaha sich vom Doc, drehte auf dem Absatz um, warf erleichtert die Klammer zurück in den Korb und eilte zum Auto.

Nach einigen vergeblichen Versuchen seinen Assistenten zu erreichen, fuhr er ins Präsidium. Er traute seinen Augen nicht. Bahnte sich einen Weg durch den völlig überfüllten Flur. Abführtee, fetter Braten und Knödel, Wurst, Käse in Massen, Weizenprodukte, Chips, Alkohol, Schokolade, Kuchen, Limonade, alle versammelt.

Schnell schloss er die Tür hinter sich. „Wo ist Corona?"

Die Sekretärin stellte genervt einen Becher mit Kaffee auf den Tisch. „Ich versuche ihn seit Stunden zu erreichen – vergeblich. Die da draußen werden immer ungeduldiger. Sicher hat er im Verdauungstrakt keinen Empfang."

„Warum sind es so viele da draußen?"

„Einige von denen sind nur Begleitpersonen", bekam er zur Antwort.

Heilhaha nahm einen großen Schluck aus seinem Kaffeebecher: „Na, dann schicken sie mir mal den Fleischklops
rein. Die Knödel, Alkohol, Abführtee und Kuchen sollen
warten, alle anderen können gehen."

„Ach ja, fiel ihm die Sekretärin ins Wort, nebenan sitzt
verwelktes und vergammeltes Obst und Gemüse. Es wurde
in einem Schrank des Opfers gefangen gehalten. Es kam zu
Übergriffen von anderen Zeugen, deshalb der Nebenraum."

„Warum wusste ich nichts davon? Also, als erstes das
Gemüse bitte." Heilhaha machte eine Handbewegung, er
vermisste Coronas Unterstützung.

„Die Frau kann morgen vernommen werden. Der Bericht
von der Spurensicherung liegt vor. Sie haben
Fingerabdrücke von der Frau auf den Scherben gefunden,
die auf dem Boden lagen. Blutspuren im Erbrochenen gab es
keine." Die Sekretärin beendete den Satz, bevor sie die Tür
zum Nebenraum öffnete, um das Gemüse ins Büro zu bitten.

Das Grün hing schlapp
am Körper der Möhre
herunter. Dass sie mal
knackig und frisch war,
entzog sich aller Vor-
stellungskraft. Eine
vertrocknete, mit
Schimmelflecken
gezeichnete Gurke

versuchte die Freundin zu stützen. Es waren zwei von vielen Äpfeln und eine der Birnen, die mit braunen Flecken davon kamen. Sie schlappten traurig hinter Möhre und Gurke her. Alle anderen Obststücke landeten direkt auf dem Kompost.

Für einen kurzen Moment verlor Heilhaha die Fassung. Fast brüllend empfing er das geplagte Gemüse: „Wer hat sie so zugerichtet, in den Schrank gesperrt? Wer hat das zu verantworten?"

Die Gurke schluchzte, für Tränen fehlte ihr das Wasser: „Eine Frau wollte uns zubereiten. Gerade als sie das Messer ansetzte, hörte sie die schwerfälligen Schritte ihres Mannes näher kommen. Sie schaffte es uns in letzter Sekunde in einen Schrank zu stopfen. Ihr Mann hatte nicht einen Funken Sympathie für uns übrig. Ich glaube, er wusste gar nicht, dass es uns gab. Wenn wir zubereitet wurden, dann nur, wenn die Frau alleine war, oder ein Freund bei ihr. Es ging sogar so weit, dass alle ballastarmen Lebensmittel sich mit dem Mann verbündeten. Es gab gar keinen Platz für uns."

Die Möhre übernahm das Wort. „Er liebte den Abführtee, trank ihn zuletzt fast täglich, um seinen Darm in Schwung zu bekommen. Der Tee verstand es, ihn mit Hilfe unterschiedlicher

Geschmacksrichtungen zu locken. Allerdings ließ die Wirkung langsam nach. Er erhöhte die Menge oder gönnte sich einen Schnaps. Mehr und mehr litt er an Verstopfung. Für alles machte der Mann die Frau verantwortlich. Sie tat nichts, im Gegenteil, sie servierte weiterhin Pudding oder Schokolade zum Nachtisch, um ihren Mann zu besänftigen. Gelang dieses nicht, dann flog schon mal ein Teller durch die Küche. Wir hatten keine Chance gegen die Zucker-, Weizen- und Fettmafia. Der Mann wurde immer abhängiger, fetter und unbeweglicher, die Stimmung immer unerträglicher." Die Möhre dachte an den verschlissenen Sessel und seufzte tief.

Stimmte, was Obst und Gemüse erzählten, dann spielten sich Gruselgeschichten in der Küche des Opfers ab. „Das war's fürs erste, vielen Dank, ich wünsche ihnen gute Besserung." Mit diesen Worten verabschiedete Heilhaha sich von Möhre und Konsorten. Heilhaha spürte ein tiefes Mitgefühl. Er brauchte eine kleine Pause, bevor er mit dem Fleischklops weiter machen konnte.

Währenddessen quälte Corona sich weiter durch das Körperinnere. Die Bauchspeicheldrüse kuschelte sich mit ihrem Kopf in die C-Form des Duodenums. Es war dunkel. Der Assistent drückte sich an die Darmwand. Darmzotten kitzelten seinen Nacken. Ihm wurde klar dass ca. 4 Meter Darmpassage vor ihm lagen. Zum Glück handelte es sich um ein männliches Opfer. Das schloss von vornherein ein akutes Abdomen durch eine Myom-Stieldrehung, einer

Adnexitis, Eileiter- oder Bauchhöhlenschwangerschaft aus. Die Folgen einer Endometriose, so wie eines Abortes kamen ebenfalls nicht in Frage. So erübrigten sich die Ermittlungen in diese Richtung.

Corona stand vor der Papilla vateri, der Vereinigung des Ductus pancreaticus und Ductus choledochus. Zu 80% bilden sie einen gemeinsamen Abfluss der Verdauungssäfte in den Zwölffingerdarm. Gerade im Begriff die Taschenlampe zu nutzen, vernahm der Kriminalist Stimmen. Es klang nach einem Streit. „Ich lass mir keine Steine mehr von dir in den Weg legen. Ich werde dafür sorgen, dass man dich entfernt." Die Leber mit ihrer Gallenflüssigkeit schien überzulaufen.

„Aber ich liebe dich doch, bitte lass mich bleiben!" flehte die Gallenblase unter schluchzen zurück. Es war die Rede von schmerzhaften Koliken, entfärbten Stuhl und einem Ikterus. „Ich kann doch auch nichts dafür, wenn der Mensch so viel Fett futtert, ich bin völlig fertig. Da ist es doch kein Wunder, wenn ich mich entzünde und schmerze."

„Du konkurrierst doch mit dem Pankreaskopfkarzinom. Nur weil der einen Ikterus hervorruft, meinst du es auch zu können. Der ist diesbezüglich allerdings schmerzfrei."

Die Stimme der Leber wurde leiser: „Lass es uns noch mal versuchen. Die letzten Monate waren für alle Verdauungsorgane nicht einfach." Es klang nach Versöhnung.

„Ja, das ist wohl wahr", brummte die Stimme des Darmes.

Corona schreckte auf: „Guten Tag ich….."

„Ich weiß wer du bist", schnitt ihm der Darm das Wort ab. „Warum kommt ihr immer zu spät?"

„Das ist bei der Mordkommission so", stotterte Corona zurück, der für einen kleinen Moment seine Selbstsicherheit verlor. „Ich habe da ein paar Fragen zum Fall akutes Abdomen."

„Ach was", piepste das Bauchfell. „Ich komme mit einigen Bauchorganen in Berührung. Erst letzte Woche reizte mich ein viel zu hoher Blutzuckerspiegel. Was meinen sie, wie anstrengend es ist so eine Abwehrspannung der Bauchmuskulatur aufzubauen. Wissen sie, die Bauchspeicheldrüse ist eine Vertraute von mir."

„Das stimmt", ertönte eine müde Stimme. Corona schaute hinter sich. Er blickte in zwei müde Augen. „Ich versuche auf das Peritoneum Rücksicht zu nehmen. So passierte es mir, dass ich mich selbst andaute und entzündete. Die Bauchdecke wurde, anstatt bretthart einem Gummiball ähnlich, eine Hüpfburg für Kinder."

Die Pankreas stöhnte.

„Aber die Bauchmuskeln sind echt schlaff", mischte sich der Darm ein, „Ich lief bereits mehr als ein Mal Gefahr, durch eine Lücke zu rutschen. Was meinen sie, so eine Hernie kann tödlich enden! Wird die Blutzufuhr unterbrochen, stirbt ein Teil von mir." Der Dünndarm wurde merklich leiser, als hätte er etwas zu verbergen.

Corona nahm einen Hauch von Schamesröte wahr, die im selben Moment in einer der vielen Kerckringfalten verblasste. Er nahm den dunklen Fleck an der Darmwand wahr, der für einen kurzen Moment sichtbar wurde. Die Erinnerung an einen Infarkt flackerte kurz in ihm auf.

„Gab es gestern etwas Außergewöhnliches?" fragte er weiter, in Gedanken noch bei dem dunklen Fleck im Darm.

„Die Essgewohnheiten des Opfers haben mich in den letzten Monaten sehr gefordert. Ich konnte die nötige Insulinmenge nicht mehr produzieren", jammerte die Bauchspeicheldrüse. Sie berichtete über unterschiedliche wichtige Verdauungssäfte, deren Produktion zu ihren Aufgaben gehörte.

Weitere wichtige Informationen bekam Corona vom Bauchfell. Pflegte es doch mehr oder weniger Kontakte zu mehreren Bauchorganen. Sicher, nicht alle gehörten zum Verdauungstrakt, wie z.B. die Milz, hätten aber dennoch ein Motiv haben können. Auch die Organe, die sich mehr im Hintergrund hielten, wie die Nieren, wurden überprüft. Nieren waren neben der Gallenblase, auf dem Stein-Schwarzmarkt keine Unbekannten. Koliken gehörten hin und wieder zu den Höhepunkten dieser Organe.

Interessiert hörte Corona den Organen zu. Es war die Rede von den Unstimmigkeiten zwischen Leber und Gallenblase, deren große Liebe auf Grund der Situation stark gefährdet war. Vom gereizten Appendix, der immer weniger dem Eiter abgeneigt war. Es war die Rede von Pflastersteinen im Darm, bekannt auch als Morbus Chron Straße. Die Stimmung heizte auf.

Dem Kriminalisten wurde es langsam zu viel. Es war die Rede von Tumoren, Eiterhöhlen die perforierten, bis hin zum Abszess. Vernarbungen, die die Darmpassage enger schnürten. Erinnerungen an Blutungen hier und da wurden wach. Sogar Fremdkörper wurden plötzlich thematisiert, hatten mit diesem Fall aber nichts zu tun. Corona verspürte den starken Wunsch weiter zu ziehen, bevor er dem Durcheinander erlag.

Das Gekicher der Mikrovilli nervte ihn immer stärker. „Danke, danke, sie haben mir alle sehr geholfen. Ich muss weiter." Pflastersteine eines Morbus Chron ebneten ihm allerdings nicht den Weg. Für einen Moment verlor er sein Gleichgewicht und drohte hinter der Iliozökalklappe in den Blinddarm zu rutschen. Es war knapp, Schweißperlen traten auf seine Stirn. Er wusste, der Blinddarm als kürzester Dickdarmabschnitt verfügte über einen tückischen Wurmfortsatz, dem Appendix. Er wäre nicht sein erstes Opfer. Außerdem war der Boden recht schleimig. Er hatte Glück und fand Halt in einer Ausbuchtung, der ersten Haustren. Zu seinem Ärger fehlte es auch hier an Licht.

Er griff seine Taschenlampe, mit der anderen Hand zog er das Handy aus der Tasche. Immer noch kein Empfang. „Schei…", dachte er, ohne zu merken, dass er bereits mitten drin stand. Ein penetranter, durch Gärung hervorgerufener Gestank stieg in seine Nase. Er dachte sehnsüchtig an das Klammerkästchen in der Pathologie und spürte Verständnis für seinen Chef.

Corona freute sich den letzten Abschnitt des endlos langen Verdauungsschlauches erreicht zu haben. Er war im Dickdarm angekommen. Zum Glück gab es hier keine albernen Darmzotten, die ständig seinen Nacken kitzelten. Er verdrängte den Gedanken an den anstrengenden Aufstieg. Er dachte lieber an den quer verlaufenden Darm und freute sich auf den absteigenden Teil. Der Kot war ziemlich fest, es herrschte sichtlich ein Wassermangel. Dafür wimmelte es nur so von Bakterien. Ihm fiel auf, dass deren Anzahl, je weiter er sich im Darm vor wagte, erheblich zunahm. Sie schienen völlig aus dem Gleichgewicht geraten zu sein.

„Ja." – Leise, fast flüsternd – „Ja." hörte er einige Bakterien sagen. „Damals das Mega Colon in Folge der Kolitis ulzerosa, das war sicher eine große Katastrophe. Ich erinnere mich noch, die Darmwand war starr wie ein Rohr."

„Und die Nervenversorgung erlag ebenfalls. Gase drangen bis in den Bauchraum, wir hatten Glück, dass der Schaden vor einer Giftgasbildung behoben wurde und es nicht zum

Ilius kam." Sie wirkten erschöpft, frustriert und resigniert und litten unter der momentanen Situation. Es war als würden sie sich gegenseitig Mut zusprechen. Beim Anblick der vielen, gleichmäßig im Dickdarm verteilten, pathogenen Keimnester empfand der Ermittler so etwas wie Mitleid mit ihnen. Ihm wurde klar, sie hatten aufgegeben.

Schleim tropfte auf Coronas Kopf. Der aufgeblähte Dickdarm räusperte sich. „Ich hab schon 'ne Menge Sch.... mitgemacht und muss sie nehmen wie sie kommt, aber was hier gegenwärtig abgeht, übertrifft alles."

Ein aufgeblähtes, geplagtes Zökum meldete sich zu Wort. „Einen Moment bitte." Der Assistent zog reflexartig sein Handy und setzte sich zum Verschnaufen auf einen der Kotsteine: „Ich habe endlich Empfang."

Außerhalb des Körpers, im Präsidium ging es turbulent zu. „Ruhe!" Kommissar Heilhaha knallte mit der Faust auf den Tisch. „Ich kann sie auch alle einzeln vernehmen, dann dauert es hier noch länger. Ich brauch 'ne kurze Unterbrechung."

Wütend verließ er den Raum, schaute besorgt auf seine Uhr und richtete den Blick auf die Sekretärin. „Hat Corona sich schon gemeldet?"

„Nein, ich kann ihn auf dem Handy nicht erreichen", kam die Antwort.

Ein Unbehagen stieg in ihm auf. Er steckte sich einen Keks in den Mund während seine Gedanken abschweiften: „Der Darm war nicht ganz ungefährlich." Alte Bilder erschienen vor seinem inneren Auge. Divertikel aus dem Untergrund des Dickdarms hatten bereits einen Kollegen dahin gerafft. Nicht selten blieben sie unentdeckt. Doch wenn neugierige Bestandteile aus der Nahrung, z.B. Körner aus gesundem Müsli, in sie drangen, dann konnten sie gefährlich werden und sich entzünden. Eine Divertikulitis verursachte quälende Schmerzen.

Der Kollege damals unterschätzte die Situation und wagte sich zu weit vor. Die heimtückischen, entzündeten Ausstülpungen rafften ihn dahin. Von außen konnte der Darm wie eine Walze getastet werden. Dem Patienten ging es heute wieder gut. Er trickste die Divertikel Mafia mit Ballast reicher Nahrung später aus. Aber den Polizisten, den gab es nicht mehr.

„Obwohl ...", sprach Heilhaha seinen Gedanken laut aus, „Corona war immer sehr ehrgeizig, aber genauso vorsichtig, sicher hat er die Zeit vergessen."

Mit fragendem Blick schaute die Sekretärin kurz auf. „Ich könnte ihn hier jetzt gut gebrauchen. Wir sind einfach unterbesetzt. Ich gehe jetzt zu diesem vorlauten Knödel mit der Gabel im Hirn, als wolle er sich hier verspeisen lassen, zurück", fuhr der Kommissar fort.

Kopfschüttelnd griff er zur Türklinke des Verhörraumes um weiter zu arbeiten, da klingelte überraschend sein Handy. „Corona, endlich!! Geht es dir gut?" Erleichtert nahm er das Gespräch entgegen.

„Ich hatte keinen Empfang hier in dem Tunnel. Mach gerade 'ne Pause auf einem Kotstein. Ich freue mich aufs Tageslicht."

„Ich brauche dich hier unbedingt zur Zeugenvernehmung." fiel Heilhaha ihm unvermittelt ins Wort.

„Ja Chef, Endspurt, wenn ich hier durch bin, dann geht's erst mal unter die Dusche. Wir sehen uns morgen. Bin um 8 Uhr im Büro." Corona legte auf, er war müde und sehnte sich nach einer Dusche und einem sauberen Bett.

Er inspizierte die schmierige Darmwand. Auf dem ersten Blick unauffällig. Doch es gab Spuren einer Unterversorgung. Ähnlich wie bei anderen Infarkten gab es deutliche Hinweise auf eine Arteriosklerose. Unvermittelt kamen ihm die Schamesröte des Dünndarms und deren dunkler Fleck in den Sinn. Es musste sich um eine Nekrose handeln, die der Dünndarm zu verschleiern versuchte. Diese Nekrose war die Todesursache, schoss es Corona durchs Hirn. Es war keine Seltenheit, dass betroffene Organe sich eines Geschehens schuldig fühlten, obwohl sie Opfer waren.

Eine intensive Befragung des Dickdarms erhärtete diesen Verdacht. So bewegte sich das Opfer zu Lebzeiten kaum noch. Ballaststoffe passierten den Darm schon lange nicht mehr, so wurde er träge. Die Trinkmenge reichte bei weitem nicht aus den Kot geschmeidig zu halten. Ein hoher Blutdruck wurde mehr und mehr Gast in den Gedärmen. Genauso wie er sich anstandslos durch Gefäße anderer Organe drängte. Dumme, prall gefüllte Hämorrhoiden des Venengeflechts stimmten zu. Einige Polypen in synchroner Bewegung ebenfalls.

Nach einer langen Passage und einen mindestens ebenso langen Arbeitstag, landete er ziemlich erschöpft in der Kloschüssel. Am liebsten hätte er sich gleich hier im Spülwasser erfrischt, bevorzugte dann aber doch die Dusche. Endlich lag er in seinem wohlverdientem Bett: „Morgen werden wir alle Ermittlungsergebnisse abgleichen", dachte er noch, bevor er in einen tiefen, erholsamen Schlaf fiel.

Die Befragung der Frau fand außerhalb des Körpers, im Präsidium statt und lief bereits über eine Stunde. Immer wieder versuchte sie den Fragen eines völlig genervten Heilhaha auszuweichen. Merklich erleichtert sprang er vom Stuhl auf, als um 8 Uhr 30 Corona zur Tür herein stürmte.

„Corona!" rief er: „Endlich, ich dachte schon du seist in den Windungen der Verdauungsorgane umgekommen." Er gab dem beisitzenden Polizisten ein Zeichen: „Wir machen hier eine kurze Pause, ich muss mich mit Corona austauschen." Mit einer Handbewegung forderte er diesen auf, ihm zu folgen.

„Na, das passt ja alles bestens zusammen. Die Gerichtsmedizin mit dem Hinweis auf die Nekrose im Darm. Ihre dazu passenden Beobachtungen, so wie die ent-sprechenden Befragungen im Verdauungstrakt und die Aussagen direkt und indirekt beteiligter Organe." Heilhaha seufzte tief und fuhr fort: „Selbst die Aussagen von Sessel, Knödel, Fleischklops und Abführtee vervollständigen den Hergang des Verbrechens." Zur Abrundung des Ganzen berichtete Kommissar Heilhaha, immer noch fassungslos über deren Zustand, von der Möhre, Gurke und Konsorten.

„Wir müssen die Frau zum Reden bringen, sie verschweigt uns wichtige Details. Vielleicht hast du mehr Glück, Corona." Mit diesen Worten schritten sie in den Verhörraum.

Die Frau saß selbstsicher da. Heilhaha's Assistent ergriff das Wort: „Hatte ihr Mann vor dem Tod unter Schmerzen, Blähungen, Erbrechen, Völlegefühl oder anderen Intestinalen Beschwerden zu leiden? Die Aussagen verschiedener Verdauungsorgane, Darmbakterien und Lebensmitteln lassen darauf schließen!" Corona sah der Frau fest in die Augen und fuhr fort: „Es gibt genug

Beweise bzw. Zeugen, die ein systematisches Vorgehen ihrerseits jeder Zeit, auch vor Gericht, bestätigen würden."

Die Frau starrte Corona mit weit aufgerissenen Augen an. Für einen Moment verlor sie Ihre Selbstsicherheit, fasste sich aber schnell wieder.

„Ein Geständnis würde sich strafmildernd für sie auswirken." Corona erhob seine Stimme und machte eine kleine Pause. Kommissar Heilhaha schaute gespannt auf seinen Assistenten, er wartete einen Moment ab, um der Frau eine Chance zu geben.

Sie schwieg.

Corona nahm Blickkontakt mit Heilhaha auf. Der Kommissar übernahm das Wort: „Ich habe heute Morgen mit dem Krankenhaus telefoniert. Das Gemüse hat überlebt und möchte eine weitere Aussage machen."

Die Frau zuckte zusammen.

„Ihren Freund den Leichenbestatter, der so schnell vor Ort war, haben wir ebenfalls vorgeladen. Er sitzt nebenan und ist etwas gesprächiger als sie."

Die Frau des Opfers sackte erschöpft in sich zusammen. Von einen auf den anderen Augenblick schien alle Kraft aus ihr zu weichen. Sie wurde geständig und gab zu, dass es ihre Idee war, gemeinsam mit dem Leichenbestatter, ihren Mann systematisch auszulöschen. Sie sorgte dafür, dass sich eine immer ungesünder werdende Ernährung und Lebensweise einschlich. Symptome redete sie schön. Der Mann, den sicher eine Mitschuld traf, verwechselte Essen mit der angeblichen „Liebe, die durch den Magen geht." Gemüse wurde nur zubereitet, wenn die Frau mit dem Leichenbestatter alleine im Haus war.

Eines Tages kam der Mann, weil er unter Schmerzen, Übelkeit und Erbrechen litt, früher als erwartet nach Hause. So geschah es, dass das Gemüse, nicht zum ersten Mal, schnell in die hinterste Ecke eines Schrankes verstaut und vergessen wurde. Dem geplagten Mann wurden Knödel und fetter Braten serviert. An diesem Abend bedeutete es sein Ende. Weil der Leichenbestatter sich in einem Nebenraum versteckte, war er ja bereits vor Ort.

Alles deutete auf ein akutes Abdomen, einen Ilius, durch eine Nekrose im Darm hin. Ein Notarzt hatte an dem besagten Abend das Haus nie betreten. Das gesunde Gemüse und seine Aussage machten dem Paar letztendlich einen Strich durch die Rechnung.

„Abführen!" befahl Heilhaha mit scharfem Ton. Dann seinem Assistenten zugewandt: „Hab ich doch gesagt, dass mit dem Leichenwagen etwas nicht stimmt." Kommissar Heilhaha klopfte seinem Assistenten auf die Schulter: „Gute Arbeit, Corona!"

Ne, ne, ne, was hab ich bloß?

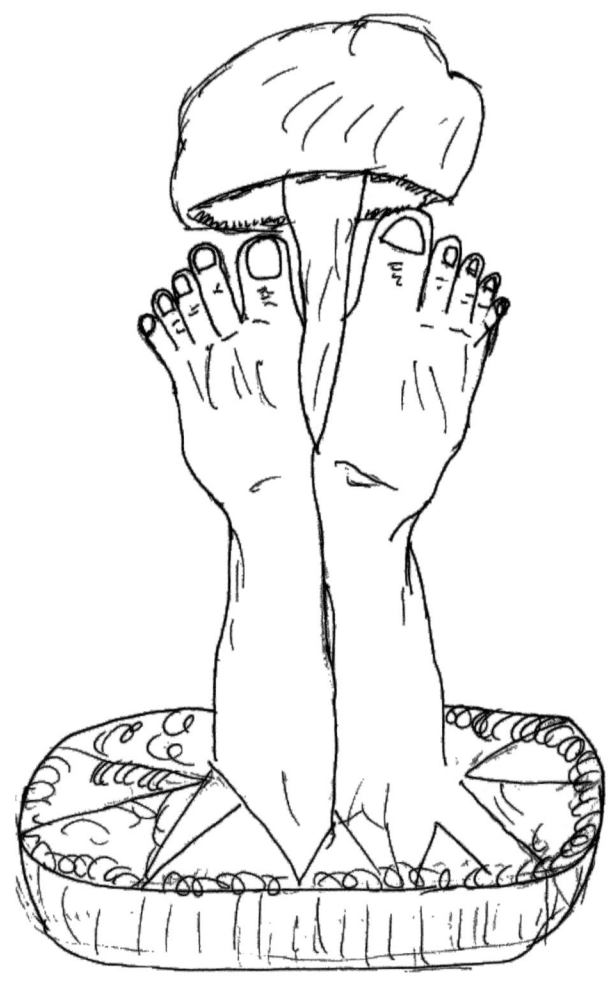

Denn tot werde ich noch lange genug sein

Nun sitze ich hier, habe Zeit ohne Ende und das, weil ich sie mir nehmen muss. – Schluss, aus – und Pause! Da denkste, nun lassen wir die Korken mal knallen und wieder mal fehl gedacht. Hatten wir früher doch nur wenig bis nix. Bevor der Aufschwung bei uns ankam, spürten wir bereits wieder den Abschwung.

Es machte uns überglücklich, lag hin und wieder mal so ein richtig schönes fettes Stück Fleisch auf unserem Teller. Dieses Glücksgefühl erlebten wir allerdings sehr selten, ein knurrender Magen gehörte eher zum Alltag. Von Fett auf den Hüften konnten wir nur träumen.

Ich kann mich noch gut an die Mangelerscheinungen erinnern. Das strohige, brüchige Haar und die Blässe um die Nase. So ging es zum ersten Rendezvous, peinlich, peinlich. Zum Glück fand es in dunkler Jahreszeit und Kerzenschein statt. Frisches Obst, Gemüse oder gar Eier, die ach so wichtigen Vitamine, Ballaststoffe und all das Zeug, waren Mangelware.

Umso größer war die Freude, als endlich eine bessere Zeit kam. Alles Leckere war plötzlich in Hülle und Fülle zu haben. Doch nun hieß es: Dieses sei ungesund und Jenes sei ungesund. Lange Zeit auf Leckereien verzichtet, hörte ich nicht hin, stillte gierig meinen Nachholbedarf und ließ es mir schmecken. Als Dank nun das. Der Hammer. Peng! Und das soll`s schon gewesen sein?

Mit 65 Jahren war ich nicht mehr die Jüngste, jedoch zum Sterben nicht alt genug. Ich genoss mein Leben. Die Kinder längst aus dem Haus, konnte ich ungestört meinen Kuchen verspeisen. Überhaupt gab es mehr Ruhe und Entspannung in meinem Leben.

Mein Mann verließ mich bereits vor 10 Jahren wegen einer Jüngeren, Midlife-Crisis. Ich brauchte ab sofort keine Rücksicht mehr nehmen, probierte neue Rezepte, aß so viel wie ich wollte und was mir schmeckte. Keiner quatschte mir rein und ich konnte mich regelmäßig mit meinen Freundinnen zum Kaffeeklatsch treffen. Diese Treffs waren jedes Mal sehr kalorienreich, unterhaltsam und interessant.

Beim letzten Kränzchen jammerte die Berta mal wieder über diverse Wehwehchen. Sie hätte ja so mit ihrem hohen Blutdruck zu tun. Ab und zu sei ihr übel und beim Treppensteigen, ja, ohne Pause ginge da wohl nichts mehr. Ein Wunder dass sie nicht nach der fünften Stufe 'ne Kaffeepause einlegte. So wie die Emma, sie blieb alle zweihundert Meter stehen, wenn wir shoppen gingen. Angeblich fand sie die Auslagen im Schaufenster so toll, egal was drin lag, auch wenn gerade umdekoriert wurde.

Zurück zur Berta. Sie hatte offensichtlich ein paar Pfunde zu viel, schob die Schuld ihrer Kurzatmigkeit allerdings auf eine Herzinsuffizienz, links glaube ich. Sie beschrieb alles bis ins kleinste Detail. Von brodelnden Geräuschen in der Lunge, vom Husten mit rostbraunem Auswurf, igitt igitt. Wie sie sich nachts lustlos aus dem Bett rollte, weil sie ständig zum Pinkeln aufs Klo gehen musste. Warum stellte sie sich keinen Eimer neben das Bett?

Ich hatte ein paar Kilos zu viel, das war nichts Neues. Auch ich kam schon mal aus der Puste. Mein Blutdruck war ebenfalls zu hoch, aber ein Grund es an die große Glocke zu hängen? Herzstolpern galt in meinem Alter als normal, beruhigte ich mich. Meine Beine waren, besonders am Abend, geschwollen. Wer trank musste pinkeln, auch nachts. Hauptsache die Schuhe passten am Morgen.

Einige aus unserer Gruppe erzählten jede Kleinigkeit. Es ging zu wie bei einem Wettbewerb. Wer hatte die meisten Krankheiten? Oftmals war es ganz schön peinlich. Ich hielt mich lieber zurück. Zum Beispiel als es bei mir ständig juckte, erzählte ich den Anderen nichts. Es war so unangenehm, ständig dieser Juckreiz zwischen den großen Zehen. Ganz zu schweigen vom Fußpilz, so schrecklich.

Zu der Zeit bewegten wir uns vor dem Kaffeekränzchen noch ein wenig. Erst schwimmen, anschließend gab es im Restaurant Kaffee und Kuchen. Ich hatte meine so schlecht heilende Wunde am Bein als Grund genannt, um nicht mehr mit Schwimmen zu müssen. Von dem lästigen Soor sagte ich nichts. Die Wassertemperatur am Warmbadetag ließ sich aushalten, an den anderen Tagen war es doch sehr kalt.

Seit ich nicht mehr schwamm, ließen die häufigen Blasenentzündungen ebenfalls nach. So eine Zystitis ist wirklich sehr schmerzhaft, dieses Brennen beim Pinkeln, 20 bis 30 Mal und immer kam nur so`n Likörglas voll Pipi. Eine echt unangenehme Geschichte. Meine Freundinnen hörten ebenfalls mit dem Schwimmen auf, damit ich nicht so lange auf sie warten musste, behaupteten sie.

Wenn Käthe erkrankte, dann selbstverständlich schwerer. Ihre Symptome waren schlimmer als meine. Eine Pyelonephritis, auf Deutsch Nierenbeckenentzündung, suchte sie heim. Sie litt unter Fieber mit Schüttelfrost. Ihr war Spei übel, so dass sie sich erbrach. Schade um den Kuchen. Als der Arzt ihren Rücken abklopfte, schmerzte es. Beim Pinkeln aber nicht. Eigentlich war Käthe die Gesündeste von uns Freundinnen. Alle wussten es, außer Käthe.

Anders erging es der Paula. Im Alter lässt die Sehkraft nach, bei mir ist das so, aber eine Brille, ne ne, bin viel zu eitel. Wäre ich doch nur früher zum Augenarzt. ...

Paula war viel jünger, als ihre Sehkraft nachließ, ich glaube so Mitte 30. Ich erinnere mich noch gut daran, wir anderen verdrehten jedes Mal unsere Augen, wenn sie mit ihrem „Ich sehe doppelt." anfing. Sollte sie doch nach dem Essen einen Schnaps weniger trinken, stimmten die restlichen Frauen überein. Ausgesprochen wurde es erst, wenn die Paula gegangen war. Wem verschwamm nicht die Sicht nach dem fünften Likörchen? Einen können wir noch, das war immer Paulas Spruch. Später begann sie richtig zu jammern. Ihre Hände kribbelten, als liefen Ameisen drüber. Am Arm sei es so pelzig. Einige aus unserem Kreis, ich mit dabei, dachten, sie sei nu ganz durchgeknallt.

Hatte doch jeder Mal so ein komisches Gefühl. Kannte ich inzwischen auch. Vor etwa drei Wochen wachte ich mitten in der Nacht auf. Nein, aufs Klo musste ich nicht. Es kribbelte, als wohnten tausende von Ameisen in meinem Bein. Meine Fußsohlen brannten, ein Stechen im Oberschenkel, alles so unangenehm überempfindlich. Kein Wunder, ich hatte mich frei gestrampelt. Meine Bettdecke lag am Boden und es war recht kalt im Zimmer. Sicher hatte ich mal wieder einen meiner wilden Träume geträumt. Also nichts Besonderes beruhigte ich mich. Erleichtert hob ich die Decke auf, kuschelte mich ein und schlief, mehr schlecht als recht, weiter.

Um noch Mal zur Paula zurückzukommen. Bei ihr wurde Multiple Sklerose diagnostiziert. Nu kam sie jedes Mal im Rollstuhl zum Treffen. Ihre Pflegerin wurde eine von uns. Sie konnte so lecker Kuchen backen.

Die Rosamunde verließ unsere Gruppe als Erste für immer. Hin und wieder etwas Vergesslichkeit, sich nicht erinnern. Völlig normal, waren wir Frauen uns einig. Doch die Rosamunde war echt tüttelig. Ein Mal kam sie in Hausschuhen. Dann trug sie ihren Pulli falsch herum, die Krönung war, als sie ohne Zähne, mit Wollmütze, mitten im

Sommer, in der Runde saß. Tja, so eine Demenz konnte spaßig sein. Beim Apoplex war allerdings Schluss mit Lustig. Seit dem gönnten wir uns hin und wieder einen Verdauungsspaziergang zum Friedhof, um die Rosamunde zu besuchen.

Nur drei Gräber weiter lag die Ilse. Ilse starb an Nierenversagen. Ja, bei ihr juckte es auch manchmal. Der Durst und diese vielen unbedeutenden Wehwehchen, alles halb so schlimm – denkste. Beinahe hätte ich Ilse und Rosamunde Gesellschaft geleistet, wie langweilig.

Da sitz ich lieber hier in der Kurklinik und lerne gesünder zu leben. Kostet es mich auch meine gesamten Ersparnisse. Torte, Sahne, fettes Essen, diese Völlerei kostete mir fast mein Leben, damit ist nu Schluss. Möhrchen knappern ist angesagt, Bewegung, viel frische Luft. Die Pfunde müssen runter. Vielleicht ziehen meine Mädels ja mit. Muss ganz schlimm für sie gewesen sein, als ich plötzlich vom Stuhl kippte. Schocktherapie! Es wird erzählt, dass Käthe vor Schreck der Kuchen im Halse stecken blieb.

Mein Gefühl sagt mir, dass es die Gruppe, so wie sie mal war, der Vergangenheit angehört. Ich möchte noch etwas leben, denn tot werde ich noch lange genug sein.

Meine Diagnose: Diabetes mellitus Typ II, ein Hyperglykämischer Schock ließ mich vom Stuhl kippen, oh Gott oh Gott.

Ändere ich meine Lebensweise, dann kann ich noch ein paar Jährchen auf dieser Erde verbringen. Besser auf der Erde als unter.

Ne, ne, ne, was hab ich bloß?

Die Abenteuer eines Urinkapitäns

Opa Erych Blutu ist ein erfahrener Kapitän. Er kennt jedes Meer, jede See und alle Flüsse des menschlichen Harnapparates in- und auswendig. Seine Enkel Retikula, Retikulu und Retikuli sind ganz wild auf seine Geschichten. Und Opa Erych Blutu erzählt gerne von seinen Urinstromgeschichten. Schließlich hat er nichts ausgelassen, was auf dem gelben Strom im menschlichen Körper möglich ist, naja, fast nichts.

„Als ich so ein kleiner Retikulozyt war wie ihr, träumte ich bereits vom großen Abfluss des Urins", beginnt Opa Erych seine Geschichte zu erzählen.

Seine Enkel machen es sich währenddessen bequem und kuscheln sich in ein Kapillargefäß. Sie wissen, wenn Opa erzählt, werden es spannende, lehrreiche Stunden.

„Heimlich musste ich mich mit meinem Freund treffen, wenn uns die Lust zum Schwimmen packte. Alles was mit Urin zu tun hat, schien meinen Eltern, besonders meiner Mutter, zu gefährlich. Zum Glück wohnte ich mit ihnen in einem sportlichen Körper. Der Mensch wanderte übertrieben gerne viele und weite Strecken. So konnte ich unbemerkt mit ein, zwei Freunden, physiologisch ab und zu aus dem Körper rudern. Der Mensch scheidet, ohne erkrankt zu sein, Segler, Ruderer, meist aus Pipisportvereinen, über den Harntrakt aus und nennt es Blut im Urin. Vergnügen sich wenige, so dass die Sportler nicht sichtbar sind, heißt es Mikrohämaturie."

„Ja, und wenn ganz viele Urinfahrer dabei sind, heißt es Makrohämaturi!" schreit Retikuli dazwischen.

„Und die Mikrohämaturie ist in kranken sowie gesunden Körpern möglich", ergänzt Opa Erych. „Auch Fieber, sich einfach mal bei einer gynäkologischen Erkrankung oder Menstruationsblutung unterzumogeln, sind Möglichkeiten, den Körper unbemerkt auf diesem Weg zu verlassen, mit der Zeit aber langweilig."

Er fährt fort: „Dennoch, mein Interesse war geweckt. Im Internet versuchte ich, mit Gleichgesinnten Kontakte zu knüpfen. So erfuhr ich von der unheimlichen und kriminellen Urinsediment-Seite. Erythrozyten-Zylinder, Bakterien und Hefen treiben hier ihr Unwesen. Abgeschreckt durch deren kranke Eigenschaften suchte ich weiter und fand die Pipistrull-Verein-Seite. Dort traf ich auf interessante Sportsfreunde. Gleichgesinnte Erythrozyten, Besserwisser-Eiweiße, nichts geht ohne Hormone, leuchtende Mineralien, verfressende Leukozyten, süße Glukose zum Vernaschen, Ketonkörper, stinkendes Nitrit, adlige Billirubine, deren Verwandte Urobillinogen, aber auch eingebildete, häufig saure pH-Werter gehörten dazu. Ich machte Bekanntschaft mit einem Sperma vom Urin-Comburtest-Forum. Hobby-Urinsegler bis hin zum qualifizierten Kapitän, Urinurlauber und Typen aus

Pipisportvereinen tauschen dort ihre Erfahrungen aus.
Hier lernte ich, dass es neben der Mikro- auch die
Makrohämaturie gibt und wo die günstigsten Angebote
unterschiedlicher Reisebüros, vom Relaxen bis zum
Abenteuerurlaub, angepriesen werden. Zum ersten Mal
keimte der Wunsch in mir auf, eine Ausbildung auf den
Urinmeeren zu machen."

„Wenn ich mal groß bin werde ich auch Urinsegler",
gibt Retikulu zum Besten.

Die beiden anderen Enkel kauen angespannt auf ihrer
Unterlippe. Mit großen neugierigen Augen schaut Retikula
ihren Opa an und drängelt: „Erzähl doch noch mal von dem
Urlaub mit deinen Eltern, bitte, bitte!"

„Mein erster Abenteuerurlaub auf der Endometeriose?"

„Ja, ja, genau die Geschichte", stimmt Retikula aufgeregt zu.

„Na gut", beginnt Opa Erych: „Es bedurfte einer großen
Überredungskunst, meine Eltern von dieser Reise zu
überzeugen. Die Insel befand sich in der Blase einer jungen
Frau. Weil es diese Art Reise nur im Zyklus gibt, ist der
Erythrozytenandrang entsprechend groß. Hinzu kommt, dass
es sich um eine relativ kleine Insel handelt. Ich war so
aufgeregt und konnte den Abfluss kaum erwarten. Die
Erythrozyten drängelten sich dicht an dicht. Wir standen
endlich an der Inseloberfläche der faltigen
Blasenschleimhaut. Ich konnte sehen, wie der Urin langsam,

an der hinteren Blasenwand aus den Mündungsstellen der Ureter in die Blase tropfte. Es plätscherte rhythmisch hallend gegen die feuchte Wand. Die schlaffe Blase nahm mit jedem Tropfen mehr Form an."

Die Enkel halten den Atem an. Gespannt sind ihre Augen auf Erych gerichtet: „Ja, und dann?" kommt die Frage von den Dreien fast wie aus einem Munde.

„Ich stand zwischen meinen Eltern. Ängstlich hielten sie mich an den Händen. Mein Vater war fasziniert, bei meiner Mutter spürte ich die pure Angst. Sie drückte meine Hand immer stärker. Nur mit Mühe konnte ich mich von ihr los machen. Urin spritzte in mein Gesicht, ein saurer pH-Wert benetzte meine Lippe. Die Faszination des Geschehens zog mich in ihren Bann. Der Flüssigkeitsspiegel stieg stetig an. Nur noch wenige Sekunden. Der Druck auf den inneren Schließmuskel, vor dem Ausgang zur Harnröhre, nahm zu.

Die Blase war nun bis zur Hälfte gefüllt. Wir schwammen inzwischen im Urin, dessen gelbe Farbe sich langsam durch die Reisenden in ein zartes Rot verwandelte. Ein unbeschreibliches Gefühl der Schwerelosigkeit erfüllte mich.

Unerwartet ertönte die kreischende Stimme der jungen Frau: ‚Ich gehe noch mal aufs Klo! '

Nur wenige Sekunden später öffnete sich der äußere Schließmuskel – und – ab ging die Post! Einige Mitreisende schrien ihre Anspannung heraus. Ich vergaß alles um mich herum. Atmete ihn ein, diesen unverwechselbaren Geruch des Blasensees. Schmeckte die Salze des Urins auf meiner Zunge. Ich ließ mich mit der heftigen Strömung durch die kurze Harnröhre in die Toilettenschüssel spülen. Nie werde ich diesen ersten Eindruck der Blasenlandschaft und den reißenden Strom vergessen."

Opa Erych seufzt: „Noch viele Male würde ich den Weg durch die Blase erleben, aber nie wieder wird es so beeindruckend einmalig gewesen sein wie in diesem Urlaub sein, bei diesem ersten Mal."

„Und deine Eltern?" kommt mit ängstlichem Unterton die Frage von Retikulu.

„Ja, mein Vater fand es spannend und faszinierend, aber meine Mutter war bedient. Es ist mir nicht gelungen, sie jemals für einen weiteren Urlaub dieser Art zu begeistern. Für mich aber stand seit dieser Reise fest: Ich würde Kapitän auf den Urinmeeren im menschlichen Harntrakt werden.

Noch bevor ich meinen Urlaubskoffer ausgepackt hatte, saß ich am PC, um Informationen einzuholen. Meine Eltern waren entsetzt. Das tat mir leid, in drei Tagen würde ich ein ausgewachsener Erythrozyt sein und konnte machen was ich wollte. Nichts konnte mich von meinem Endschluss abbringen.

Über das Internet fand ich einen geeigneten Körper, um meinen Berufstraum zu verwirklichen."

„Was für einen Körper Opa? Ist das da, wo du die Oma kennengelernt hast?"

„Der Körper war genial. Er hatte Übergewichtig, träge und geschwächt in der Abwehr. Durch seinen ungesunden Lebenswandel ließ er ein großes Sortiment an Möglichkeiten, kranke Wege in den Urin zu finden, erahnen. Diabetes, andere Stoffwechselerkrankungen, Nierensteine, Gicht, Infektionen bis hin zum Karzinom konnten den Eintritt in den gesamten Harntrakt bewirken. Und nebenbei lernte ich manchen Freund aus dem Forum persönlich kennen."

„Erzähl mal die Geschichte, wie du die Oma kennengelernt hast."

„Oh ja, bitte, bitte Opilein", betteln die drei Enkel.

Opa lässt sich nicht aus der Ruhe bringen. Schwärmend fährt er fort: „Voller Freude packte ich meine Sachen zusammen, verabschiedete mich von der Familie, die mir mit Tränen in den Augen vom roten Knochenmark aus nachwinkte. Ich stieg in den Blutstrom, der mich durch viele, große und kleine Gefäße bis hin zum Bahnhof Nierenhilius transportierte, dem Eingang in meine Zukunft."

Ausführlich beschreibt Opa Erych seine Ankunft am Eintritt in die Niere. Er berichtet von den unterschiedlichen laut strömenden Zügen, die an diesem Bahnhof ein- und austreten. Vene, Nerven- und Lymphbahnen.

Sichtlich fasziniert fährt er fort: „Noch bevor ich aus der Nierenarterie ausstieg, sah ich ihn."

„Wen konntest du sehen, die Oma?" fragt eines der Enkel.

„Sei doch mal still." Die Spannung steigt, die Enkel werden unruhig.

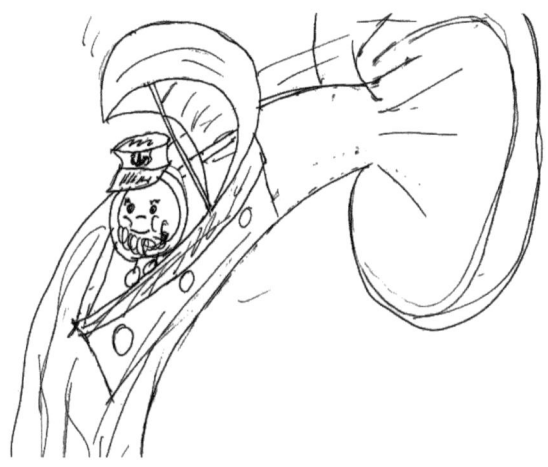

„Wie damals habe ich ihn vor Augen, den aus dem Nierenbecken austretenden stärksten Teil des Harnleiters, seinen Ursprung. Es plätscherte und rauschte. Ich stellte mir vor, wie der Sekundärharn Tröpfchen für Tröpfchen ins Nierenbecken fällt, um die Reise in die ableitenden Harnwege aufzunehmen. In diesem Moment wurde mir klar, auf welches Abenteuer ich mich eingelassen hatte."

„Wieso?" Ungeduldig rutscht Retikula näher an ihre Schwester.

Erych berichtet weiter, dass in einer Niere nicht nur Erythrozyten zu Urinkapitänen ausgebildet werden. Durchaus auch Verwandte, die darauf aus sind, dieses zu erschweren oder sogar zu verhindern, z.b. durch den Einsatz der Lymphozyten. Bereits im Speisewagen der arteriellen Bahn machte er die Bekanntschaft mit Blutkörperchen, die ebenfalls mehr für den Erhalt des menschlichen Körpers plädierten. In den Nieren herrschte eine sehr gute Durchblutung. Nicht Wenige Seinesgleichen erfüllen eine rein wirtschaftliche Aufgabe. Sie sind für die Anlieferung der Verpflegung zuständig. Laden Säcke mit Sauerstoff in den entsprechenden Kantinen und Restaurants ab, um dann unverzüglich in der Vene die Rückreise anzutreten.

Opa erzählt von neugierigen Urlaubern, die Teile oder die gesamte Niere besichtigten und dann den Ort mit der venösen Bahn wieder verließen. Von komplizierten Fahr-plänen in ein separat verlaufendes Verkehrsnetz bis hin zur Primärharnfabrik. Wegweiser zum Nierenbecken, Erlebnisrutschen in Nierenkelche usw.

„Ich war überwältigt und völlig desorientiert, fühlte mich auf ein Mal hilflos und allein", seufzt Erych mit leiser Stimme, „Ja, verlassen stand ich mit meinem Gepäck am Gefäßrand. War kurz davor in die nächste Vene zu steigen, um nach Hause zu fahren." Sein Gesichtsausdruck wird traurig.

Mitfühlend gespannt flüstert Retikuli: „Aber das hast du doch nicht, oder Opa?"

„In dem Moment sah ich sie!" Opas Augen leuchten, seine Stimme gewinnt an Lautstärke. „Eure Oma! Leider verlor ich sie in dem Gedränge sofort wieder aus den Augen, nicht aber aus meinem Herzen. Es sollte noch etwas Zeit vergehen, bis wir uns endlich in den Armen lagen. Die Hoffnung stirbt zuletzt.

In den folgenden Monaten überstand ich viele Abenteuer, auf Sportschiffen, Segelschiffen, Fischkutter, Dampfer, ja, sogar auf der Jacht eines reichen Urobillinärs durfte ich bluten. Erlebte die Arbeit im Nephron unter dem Schutz der Bowman-Kapsel. War dabei, als die Schiffe dem glomerulären Filtrationsdruck stand hielten. Widersetzte mich dem kolloidosmotischen Druck des Blutes und hielt dem hydrostatischen Druck in der Bowman-Kapsel stand.

Bei einer Glomerulonephritis, als Folge einer Scharlachinfektion eines kleinen Mädchens, war ich freiwillig dabei, dem Urin eine Fleischwasserfarbe zu geben und so den Körper zu verlassen.

Ich durchdrang Gefäßwände auf Grund von Gerinnungsstörungen, sei es durch bittere Medikamente, Vitaminmangel oder Leberererkrankungen alkoholisierter Menschen.

Schönlein Henoch bei einem kleinen Jungen, Allergien, Malabsorbtionsstörungen in kaputten Gedärmen.

Diabetes mellitus in dicken fetten Menschen mit geschädigten Gefäßen, die sich weit entfernt von einem gesunden Lebenswandel bewegten, wenn sie sich überhaupt bewegten.

Schmerzende Entzündungen, im kalten, wie Gold glänzenden Nierenbecken oder in mit Bakterien verseuchten, stinkenden Urinpfützen der faltigen Blase und deren Ausgang.

Tumore bis hin zu gammelnden Karzinomen ebneten den Weg in die Toilettenschüssel.

Und immer war es ein unbeschreibliches, aufregendes Abenteuer", schwärmt Erych Blutu.

„Dann kam der Tag der Tage." Erych räuspert sich: „Es sollte eine Erholungsreise auf einem Luxusdampfer durch den Nord-Ost-Ureter eines Mannes mittleren Alters werden. Meine Kumpel und ich saßen gemütlich, in heiterer Runde in der Kombüse. Wir tankten Sauerstoff, spannen Seemannsgarn über Allergien, Hypertonie, Arteriosklerotische Spätschäden und verschiedene Infektionskrankheiten und bereiteten uns auf die bevorstehende Reise vor.

Plötzlich und völlig unerwartet ließ ein lauter Schmerzschrei und ein gewaltiges Krümmen des Körpers uns aufschrecken. Der ganze Dampfer wankte und schaukelte so heftig, dass sämtliche Tassen vom Tisch rutschten und zerschellten. ,Was ist los? ' fragend und ängstlich krallten wir uns am Tisch fest. Der Harnleiter krampfte, zog sich in Wellen kommend immer wieder zusammen. Es riss unser Schiff aus dem Hafen. Bevor wir realisierten, was geschah, zog es uns über die Trichter der Nierenkelche in das Nierenbecken und nahm Kurs in den Harnleiter.

Bevor uns klar war was geschah, ertönte erneut ein Aufschrei, wiederholt krümmte sich der Körper in starken orkanähnlichen Schmerzen. Ein Unwetter der schlimmsten Art tat sich auf. ,Bitte bleiben sie ruhig, keine Panik. Bitte ziehen sie aus Sicherheitsgründen die Schwimmwesten an. Die Rettungsboote stehen zur Verfügung. Wir steuern auf ein großes Hindernis zu', tönte es aus den Lautsprechern, ,Es gibt keine Möglichkeit auszuweichen.'

Im selben Moment kam es erneut zu einem Aufschrei und starker Körperkrümmung des Mannes. Ich stürmte aufs Deck, denn, nun ja, so eine Nierensteinkolik kannte ich nur aus Erzählungen. Ich wollte so viel sehen wie nur möglich. Um mich herum emsiges Streben und Gekreische. Ich schaute.

Urin staute sich vor dem Hindernis, er konnte den Kanal nur Tröpfchenweise passieren. Einige Passagiere schwammen im Urin und färbten ihn rötlich. Der Druck stieg.

Wieder eine Schmerzwelle. Der Stein bewegte sich leicht. Er hatte scharfe Kannten. Noch ahnte ich nicht, dass genau diese so wichtig für mein zukünftiges Leben sein würden.

Und wieder eine Welle des Schmerzes. Es zitterte und bebte. Dieses Mal so heftig, dass die Wand des Ureters verletzt wurde. Die Katastrophe spitzte sich zu. Unmengen von Schaulustigen drängten sich rücksichtslos durch die Wunde in den Kanal.

Das Unglaubliche geschah. Ich traute meinen Augen nicht, doch sie war es.

Ohne zu überlegen sprang ich in den Fluss. Zügig kraulte ich durch die Menge auf sie zu, umfasse sie.

Bevor sie etwas sagen konnte, gelangten wir in den Sog des Urins und wurden, an dem Stein vorbei, wie durch ein Gartenschlauch hinaus in ein Bettlaken geschleudert.

Ja, so habe ich eure Oma kennen und lieben gelernt, Monate nach dem ich sie zum ersten Mal sah", schließt Opa Erych seine Erzählung.

„Und Oma dich", gähnt Retikulu.

Es ist spät geworden, die drei Retikuluzyten sind müde. Zeit zu schlafen. Erych Blutu gibt jedem seiner Enkel liebevoll einen Gute-Nachtkuss, um dann einen gemütlichen Abend mit Oma Blutu zu verbringen.

Die Abenteuer eines Urinkapitäns

Ne, ne, ne, was hab ich bloß?

Influenza – auch Virusgrippe

Nicht das ABC
bringt die Influenza in die Höh.
Es ist mehr das Virus A,
ist die echte Grippe da.

Einen leichten grippalen Infekt,
steckt man leichter weg.
Grippevirus B und C
tun nicht so weh.

Innerhalb von kurzer Zeit,
machen sie sich im Körper breit.
Treffen kann es Mensch und Tier,
gar so groß ist des Virus Gier.

Über einen Tropfen,
ohne anzuklopfen,
oberer Respirationstrakt,
für das Virus A kein Akt.

Besonders in der kalten Jahreszeit,
beginnt für manche großes Leid.

Vorzugsweise in der Abwehr Geschwächte,
holt die Influenza sich zum Knechte.

Alle 10 bis 20 Jahre schwere Grippewellen
durch die Lande schnellen.

Plötzlich unerwartet sie beginnt,
merkst du dass dir die Nase rinnt.
Das Fieber in die Höhe schnellt,
aus der Lunge Husten bellt.
Die große Verkündung,
die Atemwege in Entzündung.
Ob Bronchien, Trachea, Kehlkopf oder Rachen,
es gibt nichts zu lachen.

Es gibt nichts zu scherzen,
weil der Kopf und dir die Glieder schmerzen.
Manchmal verbirgt dieser Trupp
als Überraschung einen Pseudokrupp.

So schätze dich froh,
bleibt erspart dir der häufig Gang aufs Klo.
Durchfall, Übelkeit und Erbrechen
sind kurz anzusprechen.

Das Herz, der Kreislauf bereiten merklich Beschwerden,
du hoffst, es wird schon wieder werden.

Eine Woche richtig leiden,
niemand wird dich darum beneiden.
Hast du Glück bleibt nichts zurück.
Hast du Pech ist das Schlecht.

Ne, ne, ne, was hab ich bloß?

Komplikationen
sind Sekundärinfektionen.
Das Virus A ist nicht mehr da,
Bakterien schreien laut: Hurra!
Die Abwehr ist geschwächt,
für Bakterien ist das gerade recht.
Das Fieber,
es war schon fort, ist erneut vor Ort.

Die Erreger dringen vor,
in Kehlkopf, Herz und in das Ohr.
Hirnhäute
erweisen sich als fette Beute.
Bakterien rasen
in die Nasen,
sind sie in der Lunge drin,
ist es besonders schlimm.
Sehr gefürchtet ist die Pneumonie, welch große Not,
bedeutet sie doch oft den Tod.

Das Virus A ist wandelbar,
eine aktive Impfung jedes Jahr,
für Abwehrgeschwächte empfohlen, ist doch klar,
verringert wohl die Gefahr.

Influenza, Synonym Virusgrippe, ist durch den Erreger zu unterscheiden von einem grippalen Infekt. Es handelt sich um das Influenza-Virus A, B oder C, welche sich verändern. Es handelt sich um eine Tröpfcheninfektion. Die Inkubationszeit beträgt 1 bis 3 Tage. Erkranken können Menschen und Tiere, z.b. Vögel, Robben, Pferde …

Aufgenommen wird der Erreger, bevorzugt in der kalten Jahreszeit, über den oberen Respirationstrakt. Besonders gefährdet sind Abwehrgeschwächte. Der Krankheitsverlauf kann unterschiedlich sein, Typ B und C zeigen sich in leichterer Form. Typ A verursacht ca. alle 10 – 20 Jahre schwere Grippewellen.

Die Influenza dauert ca. 1 Woche an. Ein ausgeprägter Verlauf: Beginn plötzlich mit hohem Fieber, Kopf- und Gliederschmerzen und entzündeten Atemwegen (Pharyngitis, Laryngitis, Tracheitis, Bronchitis). Darmgrippe mit Übelkeit und Erbrechen, Durchfall. Herzkreislaufbeschwerden.

Komplikationen: Myokarditis, Meningitis/Enzephalitis Bakterielle Sekundärinfektionen (besonders Haemophilius Influenza), es kommt zum zweiten Fieberanstieg – Pneumonie (häufigste Todesursache) – Otitis media – Sinusitis – Epiglottitis –Meningitis.

Es kann jährlich geimpft werden, die Viren sind wandlungsfähig.

Ne, ne, ne, was hab ich bloß?

Behandlungsverbot der Influenza für Heilpraktiker (HP) nach §7 Infektionsschutzgesetz (ISG).

Typhus abdominales

Hey Leute, mein Name ist Salmonella Typhi. Ich muss euch unbedingt von meinem letzten Urlaub Typhus abdominales, berichten. Urlaubsort: der menschliche Körper.

Meine Familie, Paratyphus, macht hin und wieder ebenfalls Urlaub in diesem. Bei ihnen geht's allerdings nicht ganz so turbulent zu wie bei mir.

Manchmal passiert gar nichts, null Symptome im Urlaubsort, obwohl er trotzdem zu den Dauerausscheidern gehört. Ich finde das langweilig, liebe und suche das Abenteuer.

Die Abreise ist in jedem Fall immer die Gleiche. Schlechte Hygiene ist da eine optimale Voraussetzung, in ihr fühle ich mich sauwohl.

Ich reise mit verdorbenen Lebensmitteln. Verdrecktes Wasser war die andere Möglichkeit. Der Reiseweg war allerdings stets derselbe, fäkal oral.

Bevor es so richtig losging, musste ich mehrmals umsteigen. Im Dünndarm angekommen, ging es gleich weiter in die Lymphbahn.

Auf dem mesenterialen Lymphknoten Rastplatz wurde kurz pausiert. Die Reisenden vermehrten sich, um dann den Weg durch den Ductus thoracicus fortzusetzen.

Jetzt wurde es langsam aufregender. Mit dem Blutstrom ging es ab zu den Organen. Einige Mitreisende siedelten sich in den Organen an. Es kam zur Leber- und Milzschwellung.

Das war mir nicht genug, ich wollte mehr vom Körper sehen und Abenteuer erleben. Nach zwei Wochen Inkubationszeit erreichten wir endlich die erste Etappe, das Stadium incrementi.

Es war so aufregend. Hier hätte meine Reise bereits enden können, bevor sie richtig begann. Jeden von uns Erregern konnte es treffen. Die Spritze kam und zog einige der Reisenden mit dem Blut ab. Denn in der ersten Woche eines solchen Urlaubs, sind wir im Blut nachweisbar, ein Nervenkitzel. Ich hatte Glück und konnte die Reise fortsetzen. Eine aufregende Woche begann.

Es wurde langsam wärmer, Stufe für Stufe, wie eine Treppe, stieg die Temperatur bis 40° Grad an, super Urlaubswetter. Der Urlaubsort entsprach ganz meinen Vorstellungen. Die Temperatur, das Brodeln und der Husten aus den Bronchen waren Musik in meinen Ohren.

Ich war zufrieden und freute mich auf alles was noch kam. Die Aussicht auf eine weitere abenteuerliche Etappe dieser Reise, dem Gipfelstadium, war mit keinem Fotoapparat fest zuhalten, Aufregung pur.

Die Temperatur blieb die folgenden 2 bis 3 Wochen konstant. Die Bronchitis entwickelte sich zur Pneumonie. Der Urlaubsort hielt was er versprach. Er war etwas benebelt, das Bewusstsein war betrübt.

Auf Grund für die hier herrschende Temperatur, entstand der Rhythmus einer relativen Bradykardie und wirkte wie eine Meditation, der auch ich nicht widerstehen konnte. Doch nach dem ich mich kurz von dem Klang einlullen ließ, wollte ich alles sehen, was es zu sehen gab.

Die einzigartige Typhuszunge. Dieses Grau, wie ein W, die roten Ränder, dann später dieses ledrige Gelb, ein Anblick der nicht in Worte zu fassen ist. Zum Glück hatte ich mir vor Reiseantritt eine neue Kamera gegönnt. Ich fotografierte was das Zeug hielt.

Diese Roseolen am Rumpf, unbeschreiblich. Es gab eine Leukopenie, obwohl es sich hier um eine bakterielle Erkrankung handelte. Durch den hohen Verbrauch der Leukozyten kam es zu einer Linksverschiebung. Es war einfach phantastisch, ich war begeistert. Eine geschwollene Darmschleimhaut verursachte zu Beginn eine Verstopfung. Es bildeten sich Geschwüre, die Spannung stieg.

Ich suchte mir einen Platz der sicher war und von dem aus ich alles gut beobachten konnte. Und dann sollte ich ihn sehen. Er war im Anmarsch, der erbsenbreiähnliche Durchfall, von dem ich schon so viel gehört hatte. Einige Erreger wurden mitgezogen, für sie endete hier die Reise.

Zum Glück stand ich an einem sicheren Ort. Es war wirklich Abenteuer pur. Weil ich alle Attraktionen gebucht und gezahlt hatte, wollte ich auf keine dieser verzichten. Ich wurde nicht enttäuscht. Blut mischte sich in den Erbsenbrei, weil die Geschwüre zerfielen. Für den Urlaubsort eine komplizierte Situation. Bestand doch die Gefahr der Perforation in den Bauchraum.

Das remittierende Absinken der Temperatur ließ die vierte Urlaubswoche, das Stadium decrementi, erkennen. Gerne hätte ich einen neuen Fieberanstieg mit Sepsis bei Geschwürzerfall erlebt. Doch meine Urlaubszeit neigte sich dem Ende zu. Es folgte eine lange Rekonvaleszenz für den Menschen.

Einige Urlauber zogen sich in die Gallenblase zurück, um noch etwas zu feiern um dann später auszuscheiden. Bis zu 10 Stuhlproben oder 3 Duodenalsaftproben Zeit konnten diese Partys beanspruchen. Für mich kam diese Möglichkeit nicht in Frage, leider.

Vielleicht werde ich bald einen Kurzurlaub buchen, in dem es dann gleich zu Beginn, bedingt durch Toxinwirkung, zum Kreislaufschock kommt. Selten werden Meningitis und Knochenentzündungen angeboten, mal sehen worauf ich Lust habe.

Zum Abschluss noch ein paar kleine Tipps zur Beachtung für Reiseinteressierte: Vorsicht, manche Urlaubsorte lassen sich impfen, wenn sie selbst in Gegenden Urlaub machen möchten, wo wir uns aufhalten. Die gute Nachricht, eine Immunität ist nicht belastbar. HP haben Behandlungsverbot nach §6 des ISG. Gut zu wissen. Wünsch euch einen schönen Urlaub.

Beim **Typhus abdominales** (Para Typhus verläuft ähnlich, kürzer und milder) handelt es sich um eine bakterielle Erkrankung, mit einem zyklischem Verlauf, eingeteilt in drei Stadien: incrementi – Gipfelstadium – decrementi.

Die Erreger Salmonella Typhi oder Paratyphi werden oral-fäkal (Nahrung, Trinkwasser) aufgenommen. Während einer 2 wöchigen Inkubationszeit gelangt der Erreger über den Dünndarm in die Lymphbahnen, von dort in die mesenterialen Lymphknoten, wo er sich vermehrt. Von dort in den Ductus thoracicus und schließlich in die Blutbahn und Organe.

Bei 20% der infizierten Menschen kommt es nach Ablauf der Inkubationszeit zur Erkrankung (Stadium incrementi). Menschen, die nicht erkranken, sind dennoch Ausscheider. Ausschließlich in der ersten Woche der Erkrankung ist ein Erreger im Blut nachweisbar. Es beginnt ein treppenförmiger Fieberanstieg bis 40° mit einem katarrhalischen, grippalen Bild, einer Bronchitis.

Die 2. bis 3. Woche (das Gipfelstadium): Kontinualfieber 40°, Bronchitis, Pneumonie, eine typische Bewusstseinstrübung. In Bezug auf die hohe Temperatur zeigt sich eine relative Bradykardie, weiter eine Leukopenie mit Linksverschiebung, die Thyphuszunge, Roseolen am Rumpf. Nach anfänglicher Obstipation entwickeln sich erbsenbreiähnliche Durchfälle, die bei Geschwürzerfall blutig sind. Leber und Milz sind geschwollen. Die Erreger sind in Stuhl und im Urin nachweisbar.

Im Stadium decrementi, 4. Woche, kommt es zum Fieberabfall, eventuell remittierend. Es folgt eine lange Rekonvaleszenz mit möglichem erneutem Fieberanstieg, Sepsis bei Geschwürzerfall.

Komplikationen: Kreislaufschock in der ersten Woche auf Grund der frei werdenden Toxine.

Darmperforation, Peritonitis, Sepsis in der 3. bis 4. Woche, selten Meningitis und Knochenentzündung.

5% bleiben Dauerausscheider.

HP-Behandlungsverbot für Typhus nach §6 ISG.

Ne, ne, ne, was hab ich bloß?

Scharlach

Atmest du mich einmal ein,
will ich gerne bei dir sein.
Von uns Staphylokokkus pyogenes gibt es 4,
durch verschiedene Toxine wirken wir.

Dein Respirationstrakt über Schleimhäute verfügt,
ein Tröpfchen Speichel genügt.
Fängst du mich ein,
werde ich nicht untätig sein.

Die Erfüllung meines Traumes,
die Lokalinfektion deines Rachenraumes.

Ist die Inkubationszeit vorbei,
1 bis 5 Tage, einerlei,
geb ich meine Gifte frei.

Fieber plötzlich in die Höhe steigt
und dir den Beginn meines Wirken zeigt.

Tonsillen, düster rot geschwollen,
ich frage nicht, ob sie das wollen.
Mit Eiterstippchen gut geschmückt,
macht das Schlucken dich verrückt.
Dieser Schmerz
vertreibt den Scherz.

Färbt das Enanthem den Gaumen rot,
so tut die weiße Zunge not.

Ab dem vierten Tag
ich lieber Himbeerzunge mag.

Zwei Tage später
höre ich dein Gezeter.
Ganz gelassen,
du wirst mich hassen,
male ich ein Hautbild hin,
weil ich ein Künstler bin.
Ich beginne stets am Hals den Pinselstrich,
feinfleckig rot-rosa, zart wie Samt zeige ich mich.
Eine Gänsehaut könnte man meinen,
du fängst an zu weinen.
Ich tobe mich aus, zur Achsel, Leiste, Rumpf und
Extremitäten,
da kannst du lange beten.

Was in dem Eifer ich vergesse
ist die Fresse,
da bleibt eine periorale Blässe.

Vom Hautbild frei, dafür gerötet ist dein Gesicht,
denn dort mag ich den Ausschlag nicht.

Das ganze dauert eine Woche, später lassen grüßen
groblamellenartige Schuppen an Händen und Füßen.

Ne, ne, ne, was hab ich bloß?

Das Ganze muss sich lohnen,
deshalb gibt es auch Komplikationen.

Schmerzen bohren
in deinen Ohren,
Bakterien machen Ferien
in Otitis
media, Mastoeditis,
sie wollen was erleben,
auf in dein Hirn sich bewegen.
Meningitis ist das schönste Ziel,
kostet ja nicht viel.

Reißt der Blutstrom die Toxine fort,
sind sie schnell am anderen Ort.
Früh leiden deine Nieren und dein Herz, was auch geschieht:
Schmerzen rheumatoid
sind dir auch nicht lieb.

Abenteuer Urlaub pur,
gibt es Scharlach toxisch nur.

In der ersten Woche
der Mensch in hohem Fieber koche.
Er kotzt und erbricht,
wir vergessen auch den Durchfall nicht.

Es blutet in die Haut,
der Sarg wird bald gebaut.

Es gibt nichts zu vertagen,
der Kreislauf wird versagen.

Gewinnt dein Los,
hast du nicht den Scharlach bloß.
Ist die Latenzzeit um,
kümmern sich Antigen-Antikörperkomplexe drum.
Dein Gewinn,
manchmal schlimm.
Hast du Glück,
bleibt nichts zurück.
Eine akute Glomerulonephritis oder ein Rheumatisches
Fieber nach ca. drei Wochen,
können am Gemüt dir pochen.

Vier verschiedene Toxine.
Vier Mal das Spiel
ist viel.
Danach erst geschützt,
weil eine Impfung nichts nützt.

Scharlach ist eine lokale Infektionskrankheit mit Fernwirkung der Toxine. Der Erreger: Streptococcus pyogene (vier verschiedene Toxine). Es handelt sich um eine Tröpfcheninfektion deren Inkubationszeit 2 bis 5 Tage dauert. Erregerreservoir Mensch. Die Erreger dringen über die Schleimhäute des oberen Respirationstraktes in den Körper ein. Es kommt schnell zu einer Lokalinfektion des Rachenraumes. (In tropischen Ländern gibt es Scharlach auch in anderen Verlaufsformen: durch Impetigo contagiosa oder im Wochenbett).

Nach Ablauf der Inkubationszeit kommt es zum plötzlichen Krankheitsbeginn mit hohem Fieber. Es zeigt sich eine Tonsillitis. Auf den düster rot geschwollenen Tonsillen zeigen sich Eiterstippchen, so wie ein rot fleckiges Enanthem am Gaumen. Die Zunge ist weiß belegt, ab dem vierten Tag himbeerfarben, die so genannte Himbeerzunge. Ab dem zweiten Tag kommt es zu einem Hautausschlag, verursacht durch das Toxin (bei bereits erworbener Immunität fehlt dieser). Dieser feinfleckige, rot-rosa, samtartige, einer Gänsehaut ähnelnde Hautausschlag beginnt am Hals, Achsel, Leiste und breitet sich innerhalb von Stunden oder Tagen auf den Rumpf und die Extremitäten aus. Das Gesicht bleibt vom Ausschlag frei, ist aber gerötet. Es gibt die periorale Blässe, das Nase-Mund-Kinn-Dreieck. Dauer: ca. 1 Woche. Danach, eventuell nach Wochen, zeigen sich groblamellige Schuppungen an Händen und Füßen.

Zu den Komplikationen gehören das Akute Rheumatische Fieber (ARF) und die akute Glomerulonephritis als Zweiterkrankung durch Antigen-Antikörperkomplexe nach der Latenzzeit. Weitere Komplikationen auf Grund bakterieller Ursachen können sein: Otitis media, Mastoeditis, Meningitis. Durch toxische Frühwirkung: Frühnephritis, Frühmyokarditis, Frührheumatoid.

Toxischer Scharlach: Schneller Verlauf in der ersten Krankheitswoche. Oft fehlt das Hautbild. Es kommt zu sehr hohem Fieber. Unstillbares Erbrechen und Durchfall, Hauteinblutungen und Kreislaufversagen enden oft tödlich.

Es gibt keine Impfung. Eine langandauernde Immunität nur gegen entsprechendes Toxin. Erkrankungen mit anderen Streptokokken-Arten möglich.

HP-Behandlungsverbot für Scharlach nach §34 ISG.

Ne, ne, ne, was hab ich bloß?

Cholera

Der Dünndarm als Lokal der Infektionen,
sie können dort 'ne Woche wohnen,
die Cholera Vibrionen.
Nisten sie sich im Dünndarm ein,
kamen sie fäkal oral herein.

Im Katastrophengebiet
es keine Hygiene gibt.
Ist des Empfängers Abwehr stark genug,
geht er an ihm vorbei, der Krug.
Ist die Abwehr schlecht,
dann hat er Pech.

Bei Cholera der Mensch kotzt und scheißt,
ab nun er Ausscheider heißt.
90% der Erkrankten Dankbarkeit zeigen,
sie dürfen auf der Erde bleiben.
Die anderen 10% holt der Tod
in ihrer Not.

Vibrionen geben niemals auf,
so geht der Mensch nach einer Woche drauf.
Es gibt kein Fieber
mein Lieber,
die Temperatur geht in den Keller
immer schneller.

Immerhin kein Blut,
das tut gut.
Die Schmerzen halten sich in Grenzen,
gern würd der Mensch ein Stuhlgang schwänzen.
20 bis 30 Mal zum Klo, bis zu 20 Liter täglich,
machen das Leben unerträglich.
Nach heftigem Erbrechen, zu allem Übel,
landet die Galle im großen Kübel.

Ein armer Wicht,
es steht ihm nicht,
das Choleragesicht.
Reiswasserstühle führen zur Exikose,
es passt kaum noch eine Hose.
Wie bei Waschfrauen die Hände, die Stimme heiser
wird immer leiser.
Mangel an Elektrolyte führen zu Krämpfen,
keine Kraft mehr zu kämpfen.

Ne, ne, ne, was hab ich bloß?

Die Gäste Oligurie
und Anurie
verkenne nie,
das Herz kommt aus dem Takt,
du hast verkackt.
Kommt das Volumen zur rechten Zeit,
ist die Prognose: bald passt wieder eine Hose.
Ansonsten kommt der Schock
und du trägst den Leichenrock.

Der §6 lässt keine Behandlung zu
Immunität verschwunden im nu,
auch nach aktiver Impfung nur kurze Ruh.

Cholera, Synonym Gallenbrechdurchfall, ist eine bakterielle, lokale Infektionskrankheit des Dünndarmes

Erreger: Cholera Vibrionen (Stäbchenbakterien)

Inkubationszeit: Stunden bis 5 Tage

Modus: fäkal-oral

Wichtig: Hygiene (mangelhaft oft in Katastrophengebieten)

Erregerreservoir: Mensch – 90% der Infizierten bekommen nur einen leichten Brechdurchfall, sind aber dennoch Keimträger, d.h. Ausscheider. 10% erkranken schwer, d.h. kurzer, heftiger Verlauf, Galleerbrechen. Es gibt kein Fieber, Untertemperatur. Die Durchfälle werden zunehmend dünner, reiswasserähnlich, kein Blut, relativ schmerzlos. 20 bis 30 Stuhlentleerungen täglich, d.h. bis zu 20 Liter Flüssigkeitsverlust. Es folgen Exikose, Choleragesicht, Heiserkeit, Waschfrauenhände, Oligurie, Anurie, ein Elektrolytmangel führt zu Krämpfen und Herzrhythmusstörungen.

Dauer: 5 Tage, ohne Therapie (Volumenersatz) oft tödlich. Bei rechtzeitigem Volumenersatz ist die Prognose recht gut.

Komplikationen: Hypovolämischer Schock (Exikose)

Immunität: nur kurz, Impfung aktiv möglich, nur kurzer Schutz, trotzdem Ausscheider.

Ne, ne, ne, was hab ich bloß?

HP-Behandlungsverbot für Cholera nach §6 ISG.

Windpocken

Was fliegt da mit dem Wind?
Pass auf mein Kind.
Über die Schleimhaut nicht geschafft, doch verflixt,
es hat dich ausgetrickst.
Noch ganz benommen,
ist es über die Bindehaut des Auges reingekommen.

Speicheltröpfchen reichen weit,
mal allein mal zu zweit.
Entflohen aus Bläschen
suchen sie den Weg in dein Näschen.
Über den Respirationstrakt drang es ein,
es wird das Varizella Zoster Virus sein.

In 2 bis 3 Wochen ist es so weit,
Ende der Inkubationszeit.
Wenige Tage
stellt sich die Frage,
bin ich krank? Schon ist es um,
das Prodromalstadium.
Manchmal fehlt es ganz,
kein Grund für einen Tanz.

Jetzt kommen sie gekrochen,
stark juckend, für 1 bis 2 Wochen.
Ach du armer Tropf.

Ne, ne, ne, was hab ich bloß?

Das Ganze beginnt am Kopf.
Du schaust auf Rumpf, Arme und Beine,
erkennst sie kaum wieder, doch es sind Deine.
Was keiner wusste,
aus Fleck die Papel, das Bläschen wird die Kruste.
Niemand muss sich schäm
für solch ein Exanthem.
Ein nur mäßiges Fieber
ist jedem lieber.
Starker Juckreiz
kennt keinen Geiz.
In Mund, Augen, Ohren, selbst im Genital,
verdammt noch mal,
sogar am Pimmel
ein Sternenhimmel!
Auch nicht verboten,
ein schwellen der Lymphknoten.
Da passiert es doch,
gekratzt ins Bläschen ein Loch.
Ehe du dich versiehst
dort ein Eiterherd sprießt.
Welch nette Gabe
für eine Narbe.

Das Virus frecht,
findet es tief im Körper auch nicht schlecht.
Verursacht Otitis
media, Meningitis/Enzephalitis,
eine Pneumonie und die Nieren,
Varizella Zoster kann ja mal probieren.

Zum Ende der Saison
verzieht es sich ins Ganglion.
Ein guter Platz, nicht zu tief
für ein Spätrezidiv.
Die Gürtelrose
hält keine Hose.
Erscheint eher als Rache
für Abwehrschwache.

Stets da,
die Gefahr.
Infiziert sich im Wind,
die Schwangere und ihr ungeborenes Kind.

Ne, ne, ne, was hab ich bloß?

Es besteht Immunität,
so lang es nicht um Varizella Zoster, die Gürtelrose, geht.
Die aktive Impfung wird empfohlen,
um sich das Virus nicht zu holen
(auch passiv möglich). Hier tut es Not
das Behandlungsverbot
für HP,
nach §34 ISG.

Windpocken, Synonym Varizella, ist eine zyklische Infektionskrankheit

Erreger: Varizella Zoster Virus

Erregerreservoir: Mensch

Inkubationszeit: 2 bis 3 Wochen Tröpfcheninfektion, weitreichend (Speichel, Bläscheninhalt)

Erregeraufnahme: Schleimhäute des oberen Respirationstraktes, Augenbindehaut

Nach Ablauf der Inkubationszeit kurzes Prodromalstadium: Dauer wenige Tage – leichtes Krankheitsgefühl – kann auch fehlen. Bei Erwachsenen stärker ausgeprägt.

Organstadium: Dauer 1 bis 2 Wochen. Mäßiges Fieber, Lymphknotenschwellungen,

Exanthem: stark juckend, Fleck – Papel – Bläschen – Kruste, beginnend an Kopfhaut/ Rumpf / Extremitäten (ohne Hand- und Fußflächen). Nacheinander und gleichzeitig auftretend – Sternenhimmel. Auch auf der Schleimhaut (Mund / Ohren/ Genitalien) auftretend.

Komplikationen: bakterielle Infektionen durch Aufkratzen (Narbenbildung möglich).

Ne, ne, ne, was hab ich bloß?

Durch die Viren: Nephritis, Otitis media, Meningitis/Enzephalitis, Pneumonie,

Spätrezidiv: Zoster.

Bei Infektionen Schwangerer besteht eine Gefahr für das Ungeborene.

HP-Behandlungsverbot für Windpocken nach §34 ISG.

Ne, ne, ne, was hab ich bloß?

Wortverzeichnis

Dieses Buch versteht sich nicht als Lehrbuch, deshalb
werden nur einzelne Wörter übersetzt und nicht ausführlich
erklärt.

Abdomen	Bauchraum
Abdominal	den Bauchraum betreffend
Abort	Abgang
Adnexitis	Eileiterentzündung
Alkalisch	basisch
Alkalische Phosphatase	Enzym, besonders wichtig für Knochen, Leber, Gallenwege so wie den Dünndarm
Alveolen	Lungenbläschen
Amnesie	Gedächtnislücke
Anämie	Eisenmangel
Aneurysma	Aussackung einer Gefäßwand
Angina pectoris	Schmerz im Brustbereich durch eine Sauerstoffunterversorgung des Herzmuskels
Anus	After, Darmausgang
Aorta	Hauptschlagader
Aortenklappen	Herzklappen
Aortenstenose	Verengung in der Aorta

Appendix	Blinddarmfortsatz, Wurmfortsatz
Apoplex / Apoplexie	Schlaganfall
ARF	Akutes Rheumatisches Fieber
Arteriitis	Arterienentzündung
Arteriosklerose	Arterienverkalkung
Atrium	Herzkammer, Vorhof
AV-Knoten	gehört zum Reizleitungssystem des Herzens
Bauchhöhlen-schwangerschaft	Einnistung einer befruchteten Eizelle im Bauchraum
Bilirubin	Bestandteil der Gallenflüssigkeit
Blutfette	Blutfettwerte
Hypertonie	Bluthochdruck
Blutplasma	flüssiger Bestandteil des Blutes
Bowman (Kapsel)	beteiligt an der Entstehung, Filtration des Primärharns
Bradykardie	Herzfrequenz unter 60 pro Schläge/Min.
Bronchen / Bronchien / Bronchiolen	bereiten den Weg der Atemluft bis zu den Lungenbläschen, Atemwege
Bronchitis	Entzündung in den Atemwegen
Bulimie	Essstörung mit Fress-Kotz-Anfällen

Ne, ne, ne, was hab ich bloß?

Candidosen	Pilzerkrankung der Haut, z.B. Fußpilz
Cholangitis	Entzündung der Gallenblase
Cholera	schwere Infektionskrankheit des Verdauungstraktes
Choleragesicht	entsteht durch den hohen Flüssigkeitsverlust bei Cholera
Choleravibrionen	Erreger bei Cholera
Chronisch	andauernd, wiederkehrend
Colon	Dickdarm
Comotio cerebri	Gehirnerschütterung
Contusio cerebri	Gehirnquetschung
Darmperforation	Darmdurchbruch, Darminhalt gelangt durch Defekt in der Darmwand in den Bauchraum
Dauerausscheider	nach überstandener Erkrankung werden weiterhin Erreger (über den Darm) ausgeschieden
Decrementi	absteigender Teil des Dickdarms
Demente / Demenz	Gedächtnisstörung
Depressiv	Niedergeschlagenheit
Diabetes mellitus / Diabetiker	Zuckerkrankheit

Divertikel / Divertikulitis	Ausstülpung von Wandteilen eines Hohlorganes, z.B. in der Darmwand/ -itis Entzündung der Aussackung
Ductus	Gang
Ductus choledochus	Gallenblasengang
Duodenum / Duodenalsaftproben	Verdauungssaft aus dem Zwölffingerdarm zur Untersuchung
Einblutungen	Blut tritt ins Gewebe
Elektrolyte	reguliert des Wasserhaushalt im Körper (Natrium, Kalium, Calcium usw.)
Embolie	Verstopfung einer Arterie, Unterbrechung der Versorgung des nachfolgenden Gewebes.
Endokarditis	Entzündung der Herzinnenwand
Endometriose	Gebärmutterschleimhaut außerhalb der Gebärmutter
Entpersonalisierung	Störung des Körpergefühls
Enzym	z.B. Verdauungsenzym
Epiglottitis	Entzündung des Kehlkopfs
Erythrozyt	rotes Blutkörperchen
Exanthem	Defekt auf der Haut
Exikose	Störung des Wasserhaushalts, Mangel

Ne, ne, ne, was hab ich bloß?

Extrasystole	Extra-Herzschlag
Fetus	Ungeborenes ab der 9. Schwangerschaftswoche
Flimmerhärchen	befinden sich in der Nase, dienen der Reinigung der Atemluft
Frühmyokarditis	Entzündung des Herzmuskels in Bezug zu einer Infektionskrankheit (z.B. Scharlach)
Frühnephritis	Nierenentzündung in Bezug zu einer Infektionskrankheit (z.B. Scharlach)
Gallenbrechdurchfall	siehe Cholera
Gallenflüssigkeit	wird in der Leber gebildet, emulgiert Fett
Gallenblase	Speicherorgan für Gallenflüssigkeit
Gaster	der Magen
Gerinnungsstörungen	in Bezug auf die Blutgerinnung nach Verletzungen
Gicht	Stoffwechselerkrankung
Gipfelstadium	Höhepunkt einer Erkrankung
Glomerulus	hier entsteht der Primärharn in der Niere
Glomerulonephritis	Entzündung des Nierengewebes
Glukose	Zucker
Gürtelrose	Infektionserkrankung

Gynäkologie	Frauenheilkunde
Haustren	Ausbuchtung im Dickdarm
Heizgeflecht	Venengeflecht in der Nase zur Erwärmung der Atemluft
Hernie	Bruch, Eingeweide- oder Weichteilbruch mit sackartiger Ausstülpung durch eine Bauchwandlücke (Muskel), Gefahr des Abklemmens
Herzinfarkt	Verschluss einer Herz versorgenden Arterie mit der Gefahr einer Nekrose Bildung
Herzwandaneurysma	Narben nach einem Infarkt können zu einer Aussackung in der Herzwand führen
Heuschnupfen	Allergie auf Pflanzenpollen
Himbeerzunge	typisch gerötete Zunge bei Scharlach
Hirnhäute	schützen Gehirn und Rückenmark
Hissche Bündel	gehört zum Reizleitungssystem des Herzens
Histamin	wird bei Allergien freigesetzt
Hodgkin	bösartige Erkrankung im Lymphsystem
Hyperglykämischer Schock	lebensbedrohlicher Zustand durch überhöhtem Blutzuckerspiegel
Hypertonie	hoher Blutdruck

Ne, ne, ne, was hab ich bloß?

Hypertrophiert	ausgeweitet, übergroß
Hypothyreose	Schilddrüsenunterfunktion
Hypovolämischer	zu wenig Volumen in den Gefäßen
Ikterus	Gelbfärbung der Haut durch erhöhtes Bilirubin im Blut
Iliozökalklappe	Übergang vom Dünndarm zum Dickdarm
Ilius	Darmverschluss
Impetigo	Bakterielle Infektionskrankheit
Infekt	Aufnahme und Entwicklung/Vermehrung eines Krankheitserregers
Influenza	echte Grippe
Inkubationszeit	Zeit von der Ansteckung bis zum Ausbruch einer Krankheit
Insuffizienz	eingeschränkte Funktion eines Organes
Insulin / Insulinmenge	Blutzuckerregulierendes Hormon, in der Bauchspeicheldrüse gebildet
Intraventrikulär	im Ventrikel
ISG	Infektionsschutzgesetz
Kammerflimmern	unkontrollierte Herzkontraktionen
Kapillargefäß	kleinstes Blutgefäß
Kardia	Mageneingang
Karzinom	bösartiger Tumor, Krebs

Kerckringfalten	der Dünndarm liegt in ‚Falten'
Ketonkörper	Stoffwechselprodukt
Klappmesser-phänomene	typische Lähmungserscheinung bei Parkinson
Koliken	z.b. Nierensteine im Harnleiter, es kommt zu sehr schmerzhaften, in Wellen auftretenden, Kontraktionen
Kolitis ulzerosa	chronische entzündliche Darmerkrankung
Kolloidosmotisch	Eiweißmoleküle wirken beim Flüssigkeitsaustausch im Interstitium mit
Koma	nicht weckbar, bewusstlos
Kontinualfieber	gleichbleibend hohes Fieber
Kontraktion	sich zusammenziehen eines Muskels
Koronargefäße	Herzkranzgefäße
Laryngitis	Kehlkopfentzündung
Latenzzeit	auch Inkubationszeit, Vorläuferstadium bei manchen Krankheiten, z.B. Masern
Leberzirrhose	zerstörtes Lebergewebe
Leukämie	Blutkrebs
Leukopenie	Mangel an Leukozyten
Leukozyt	weißes Blutkörperchen

Ne, ne, ne, was hab ich bloß?

Lumbago	Bandscheibenvorfall
Lymphatisches System	dazu gehören: die Lymphbahnen, lymphatische Organe: Milz, Thymus, Rachen-, Zungen- und Gaumenmandeln, Lymphknoten, lymphatisches Gewebe des Darms
Lymphozyten	weiße Blutkörperchen
Magenpförtner	Magenausgang, Pylorus
Makrohämaturie	sichtbares Blut im Urin
Malabsorbtions- störungen	aus unterschiedlichen Störungen, Erkrankungen der Darmschleimhaut können Nährstoffe von dieser nicht aufgenommen werden
Mastoeditis	Entzündung im Mastdarm, auch Rektum oder Enddarm
Meningitis	Hirnhautentzündung
Metastasen	Tochtergeschwüre
Mikrohämaturie	Blut im Urin mit bloßem Auge nicht sichtbar
Mikrovilli	gehört zur Darmschleimhaut
Milbe	Parasit
Mitralklappe	Herzklappe zwischen dem linkem Herzvorhof und der linken Herzkammer

Myeloproliferative Erkrankungen	unkontrolliertes Wuchern von einzelnen oder mehreren Zellreihen der Blutbildung, Erkrankung des Knochenmarks
Myokardwand / Myokarditis	Herzbeutel/Entzündung
Myom	gutartiger Tumor in der Gebärmutter
Nekrose	abgestorbenes Gewebe
Nephritis	Nierenentzündung
Nephron	in ihm erfolgt die Urinbildung
Neurodermitis	chronische Erkrankung der Haut
Nierenhilius	hier treten Gefäße, Nerven und Ausführungsgänge in das Organ ein, bzw. aus
Nierenkelche	hier wird der fertige Urin aufgefangen und in das Nierenbecken weitergeleitet
Nierensteinkolik	durch Nierensteine in den ableiteten Harnwegen ausgelöste, sehr starke, in Wellen auftretende Schmerzen
Nikotin	Giftstoff in der Zigarette
Nitrit	wird von einigen Erregern bei Harnwegsinfekten gebildet

Nitroglyzerin/ Nitrospray	Gefäßerweiterndes Medikament, z.B. bei Angina pectoris verabreicht
Obstipation	Darmverstopfung
Oligurie	verminderte Harnausscheidung, weniger als 500ml/Tag
Oral	den Mund betreffend
Organstadium	nach dem sich der Erreger über das Blut bei einer Infektionskrankheit im Körper verteilt hat, zeigt das befallende Organ das für die Erkrankung charakterliche Bild.
Orientierungs- störungen	Störung in der Fähigkeit sich zu Ort, Zeit, Gesamtsituation und in Bezug auf die eigene Person zurechtzufinden
Ösophagus	Speiseröhre
Osteomalasie	Stoffwechselstörung der Vitamin D Aufnahme im Knochen beim Erwachsenen, es kommt zu einer verminderten Knochenfestigkeit
Osteoporose	verminderte Knochendichte
Otitis media	Mittelohrentzündung
Pancreaticus	Ausführungsgang in der Bauchspeicheldrüse
Pankreas / Pankreaskopf- karzinom	Bauchspeicheldrüse / Krebsgeschwür an dieser

Papilla vateri	gemeinsame Mündung von Pankreas- und Gallengang in den Zwölffingerdarm
Parkinson	Schüttellähmung durch Verlust des Gleichgewichts im Gehirn zwischen den Neurotransmittern Dopamin (zu wenig) und Acetylcholin (zu viel)
Pathogen	Krank
Perforation	ein Organdurchbruch
Pericaterguß	Flüssigkeitsansammlung im Herzbeutel
Peritoneum / Peritonitis	Bauchfell / -entzündung
pH – Wert	das Maß der Wasserstoffionen-konzentrationen, er zeigt an ob eine Lösung alkalisch, neutral oder sauer reagiert
Pharyngitis	Rachenentzündung
Phosphate	spielt eine Rolle im Säure- Basen-Haushalt als Puffersubstanz
Pneumonie	Lungenentzündung
Polycythaemia rubra vera	Myeloproliferative Erkrankung mit gesteigerter Vermehrung der Erythrozyten, des Hämoglobins, der Leuko- und Thrombozyten

Polyneuropathie	Empfindungsstörungen mehrerer sensibler, motorischer und vegetativer Nerven, z.b. durch Stoffwechselstörungen wie Diabetes mellitus, durch Toxine, Alkohol, Medikamente, jedoch nicht durch Verletzungen
Polypen	gutartiger Tumor, z.b. in der Nase oder im Darm
Prodromalstadium	Vorläuferstadium
Prolaps	Engeweidevorfall
Pruritus	Juckreiz
Pseudodemenzen	Scheindemenz, Symptomatik einer Demenz z.b. durch Medikamente oder Depression hervorgerufen
Pseudokrupp	bellender Husten
Psoriasis	Schuppenflechte
Psychopharmaka	Medikamente für psychische Erkrankungen
Psychose	der Kranke ist in seinem Kontakt zur Realität stark gestört, eine schwere psychische Erkrankung
Purkinje Fasern	gehören zum Reizleitungssystem des Herzens
Pyelonephritis	Nierenbeckenentzündung
Pylorus	Magenausgang
Rekonvaleszenz	Erholung

Relaxen	Entspannen
Remittierend	wieder aufflackernd
Respirationstrakt	Atmungssystem/ -organe
Retikula	erfundener Name
Retikulozyt	junger Erythrozyt / rotes Blutkörperchen
Rheuma	Sammelbezeichnung für Dutzende verschiedener Erkrankungen des Bewegungsapparates
Rigor	grobschlägiger, relativ langsamer Ruhetremor
Roemheld Syndrom	Herzbeschwerden nach einer schweren Mahlzeit
Roseolen	Hautausschlag bei Typhus
Ruptur	Riss
Salbengesicht	typisches Symptom bei Parkinson
Salmonella	Erreger unter anderem der Infektionskrankheit Typhus abdominales
Schüttelfrost	durch Muskelzittern rascher Anstieg der Körpertemperatur
Sekundärharn	der Urin, der ausgeschieden wird
Sekundärinfektionen	Zweitinfektion
Sepsis	Einschwemmung von Krankheitserregern in das Blut, schweres Krankheitsbild

Sinusitis	Schnupfen, Nasennebenhöhlen-entzündung
Sinusknoten	gehört zum Reizleitungssystem des Herzens
Sklerose	Verhärtung, z.b. einer Gefäßwand durch Kalkablagerungen
Soor	Pilzart
Spätrezidiv	Wiederkehren einer Krankheit nach dem diese überstanden schien
Stäbchenbakterien	Bakterienform
Staphylokokkus	Bakterien
Sternberg Reed-Riesenzellen	Histologischer Beweis aus dem Lymphknoten für eine Morbus Hodgkin Erkrankung
Streptococcus	Bakterienart
Stuhlinkontinenz	unkontrollierter Stuhlabgang, Einkoten
Sympathikus	unwillkürlich arbeitender Nerv, vor allem Aktivitäten die nach außengerichtet sind, z.B. körperliche Arbeit od. Reaktion auf Stressreize
Symptome	Körperempfindungen auf Grund von Erkrankungen oder Verletzungen, z.B. Schmerzen, Juckreiz, Atemnot
Syphilis	Geschlechtskrankheit

Tachykardie	erhöhte Herzfrequenz ab 100 Schläge pro Min.
Tannenbaum-phänomen	Hautfalten auf dem Rücken die an einen Tannenbaum erinnern, bei Osteoporose
Tawaraschenkel	gehört zum Herzreizleitungssystem
Ductus thoracicus	Hauptlymphgefäß, Milchbrustgang
Thrombus	Blutgerinnsel
Thrombozyten	Blutplättchen, wichtig für die Blutgerinnung
Typhus	Infektionskrankheit
Thyphuszunge	typisch belegte Zunge bei Typhus
Tonsillitis	Mandelentzündung
Toxin	Gift
Toxisch	Giftig
Trachea / Tracheitis	Luftröhre / -Entzündung
Trauma	Verletzung
Tremor	Rhythmisches, unwillkürliches Zittern, vor allem der Extremitäten
Troponin	Proteine die beim Herzinfarkt freigesetzt werden, Myokatspezifisch
Urämie	Anstieg der harnpflichtigen Stoffe im Blut
Ureter	Harnleiter

Urobillinogen	entsteht unter anderem im Darm aus Bilirubin
Urinsediment	Urinuntersuchung auf feste Bestandteile im Urin
Urtikaria	Nesselsucht, starker Juckreiz
Vaskulär	die Gefäße betreffend
Venös / Vene	sauerstoffarmes Blut / Blutgefäß
Ventrikel	Herzvorhof
Verdauungssäfte	spalten die Nahrung in Nährstoffe, damit diese vom Darm aufgenommen werden können
Vibrionen	Erreger bei Cholera
Volumenersatz	Flüssigkeitsgabe bei starkem Flüssigkeitsverlust, z.B. Blutkonserven, Ringerlösung
Vorhofflattern	250 bis 350 Vorhofkontraktionen pro Minute
Vorhofflimmern	350 bis 600 Vorhofkontraktionen pro Minute
Witwenbuckel	Rundrücken, Symptom bei Osteoporose
Zökum	Enddarm
Zoster	Gürtelrose, Zweiterkrankung durch das Windpockenvirus (Varizella Zoster Virus)

Zwölffingerdarm/Duodenum	erster Darmabschnitt nach dem Magenausgang,
Zystitis	Blasenentzündung

Danksagung

Danken möchte ich meinem Mann, Kai, für seine liebevolle Unterstützung zu diesem Buch. Fürs Zuhören, für seine kreative Kritik. Ohne seinen Zuspruch würde es dieses Buch nicht geben.

Ich danke meinen Kindern Matthias, Lucas und Theresa für ihre stets ehrliche Meinung zu den Geschichten und Ermunterungen weiter zu schreiben.

Matthias für die Inspiration zum Aussehen der Figuren von Kommissar Heilhaha und Corona.

Unserem Hund Paul, für die langen, meine Phantasie, anregenden Spaziergänge.

Simone Schad danke ich für ihren abwechslungsreichen, inspirierenden Unterricht in ihrer Heilpraktiker Schule Topas Seminar (www.topas-seminar.de), wo alles begann. In dieser Zeit schrieb ich die erste Geschichte über Fritz und seine Frieda.

Weitere Quellen sind: „Naturheil-Praxis Heute" von Elvira Bierbach, die Skripten vom Topas Seminar sowie eigene erarbeitete Unterlagen zum Unterricht.

Heilpraktiker/in werden …

Sie interessieren sich für eine Heilpraktiker-Ausbildung, für Fortbildungen oder Supervision?

Schauen Sie doch mal unter

www.hpp-ok.de

oder

www.topas-seminar.de.

Ne, ne, ne, was hab ich bloß?

Zur Heilpraktikerin gehen …

Falls Sie mich in meiner Praxis besuchen möchten, schauen Sie bitte unter

<u>www.systeme-ordnen.net</u>

Termine nach Vereinbarung.